海派文化丛书

海派园林

唐明生 著

文汇出版社

编委会

总序

在中国所有的城市中，没有也不可能有两个城市是完全相同的，每个城市都有各自的特点和个性。上海，无论是城市的形成过程、发展道路，还是外观风貌、人文内蕴，抑或是民间风俗习惯等，都有鲜明的特点和个性，有些方面还颇具奇光异彩！

如果要我用一个字来形容上海这座城市，我以为唯独一个"海"字，别无选择。

上海是海。据研究表明，今上海市的大部分地区，尤其是市中心地区，在六千多年以前，尚是汪洋一片。随着时间的推移，长江的奔流不息，大海的潮涨潮落，渐渐淤积成了新的陆地，以打鱼为生的先民们开始来这一带活动。滩涂湿地渐长，围海造地渐移，渔民顺势东进，于是出现了叫上海浦、下海浦的两个小渔村，由此迅速发展起来。到南宋咸淳三年（1267年），在今小东门十六铺岸边形成集镇，称上海镇。后于1292年正式设置上海县，县署就在今老城厢内的旧校场路上。一个新兴的中国滨海城市就这样开始崛起。所以我认为，上海可以说是一座水城，上海是因水而生，因水而兴，水是上海的血脉，水是上海的精灵。直至今日,上海的地名、路名依旧多有滩、渡、浜、泾、汇、河、桥、塘、浦、湾……这都在向人们证明,是水造就了上海这座城市。

海洋是美丽而壮观的。约占地球表面总面积的70.8%是海洋水面,如果称地球为"水球"也不无道理。海洋是广阔而有边的,是深而可测的。"日月之行,若出其中;星汉灿烂,若出其里。"海洋是生命的摇篮,是资源的宝库……任你怎样为之赞美都不会过分。

海在洋的边缘,临近大陆,便于和人类亲密接触。我国的万里海疆,美丽而且富饶,被誉为能量的源泉、天然的鱼仓、盐类的故乡,孕育着宇宙的精华,激荡着生命的活力……任你怎样为之歌唱都不会尽兴。

上海是海。是襟江连海的不息水流造就了上海,更是水滋养了上海,使这座城市孕育了以海纳百川、兼容并蓄为主要特征的海派文化。可以说,没有水就没有上海,就没有这座迅速崛起的滨海城市。没有海派文化的积极作用,也就没有上海的迅速崛起和繁荣发达。今后,上海的发展还要继续做好这篇水文章,充分发挥自己的优势和特点!

上海是海。上海人来自五湖四海,是中国最大的移民城市,是典型的近代崛起的新兴城市,不同于在传统城市基础上长期自然形成的古老城市。1843年开埠以前,上海人口只有20多万,经过百年的发展,人口猛增到500多万。据1950年的统计,上海本地原住民只占上海总人口的15%,移民则高达85%。上海的移民,国内的大都来自江苏、浙江、安徽、福建、广东,国际的虽来自近四十个国家,但主要来自英、法、美、日、德、俄,其数量最多时高达15万人。在一个多世纪中,上海大规模的国内移民潮有如下几次:

太平天国期间,从1855年到1865年,上海人口一下子净增了11万。

抗日战争时期,特别是孤岛期间,仅4年时间,上海人口净增了78万。

解放战争期间，三年左右，上海人口净增了208万，增势之猛，世界罕见。

改革开放以来，上海产生了新一波移民潮，人口增长势头也很猛，现在户籍人口已经超过1 800万，此外，还有外来务工人员600万。每年春运高峰，车站码头人山人海、人流如潮，是上海一道独特的风景。

上海是海。上海的建筑素有万国博览会之美誉，现在是越来越名副其实了。有人说建筑是城市的象征，是城市文化的载体；也有人说建筑是凝固的音乐，是城市的表情。依我看，上海的城市建筑是海派文化的外在形象体现，无论是富有上海特色的石库门里弄房屋，还是按照欧美风格设计建造的各式各样的建筑，包括集中于南京路外滩的建筑群，和分布于各区的多姿多彩的别墅洋楼，诸如文艺复兴式、哥特式、巴洛克式、古典主义式……现已列入重点保护的优秀历史建筑就达300多处，或者是后来建造的如原中苏友好大厦等，都在向人们无声地讲述着丰富而生动的历史人文故事，演奏着上海社会发展进步史上的一个个乐章。

上海是海。上海人讲话多有南腔北调，还有洋腔洋调。中国地域广阔，方言土语十分丰富。56个民族，都有本民族的语言。上海这个迅速崛起的移民城市，人口的多元化，自然带来了语言的多样化，中国各地方言和世界各国的语言大都能在上海听到。

上海是海。上海人的饮食，可谓多滋多味，菜系林立，风味各异，川帮、广帮、闽帮、徽帮、本帮……应有尽有；西菜、俄菜、日本菜、印度菜……数不胜数。

上海是海。上海的戏剧舞台百花争艳，京剧、昆剧、越剧、沪剧、淮剧、歌剧、舞剧……剧种之多，阵容之齐，在国内数一数二，在国际堪称少有。浙江嵊县土生土长的越剧在上海生根开花，走向全国；而上海土生土长的沪剧则别具一格地将莎士比亚的《罗密欧与朱丽叶》、王尔德的

《少奶奶的扇子》改编成功……

上海确实就是海！

海派文化姓海。

海派文化不等于全部上海文化，而是上海文化独特性的集中表现。

姓海的海派文化，是我们中华文化的一部分。中华文化是我们中华民族之魂。中华文化历史悠久，博大精深，就像一棵根深叶茂、顶天立地的大树，巍然屹立，万古长青，枝繁叶茂，这树的主干在北京，树根深扎国土，树枝则是伸向祖国各地各民族的地域文化和民族文化。有一种说法耐人寻味：看中华文化五千年要到西安去；看中华文化两千年要到北京去，看近百年来中华文化发展要到上海去。当然，比喻总是蹩脚的。

姓海的海派文化，是伴随着上海这座典型的移民城市的崛起而形成和发展的，来自江苏、浙江、安徽、广东、福建……的移民带来了当地的民族民间文化，在上海相互影响，有的彼此融合，有的相互排斥，有的自然淘汰，经久磨合而逐渐形成新的文化形态。因此，海派文化是吸纳了国内各地民间文化精华，孵化生成具有鲜明上海地方特色和个性的独特文化。

姓海的海派文化，是受世界文化特别是受西方文化影响最多的中国地域文化。1843年上海开埠以后，西学东渐，海派崛起，云蒸霞蔚，日趋明显。随着西方物质文明的输入，如1865年10月18日在南京路点亮第一盏煤气灯，从此上海有了"不夜城"之名；1881年英商自来水公司成立，次年在虹口铺设水管，开始供水……东西方人与人、文化与文化整体接触，尤其是租界上"华洋杂处"、"文化混合"，虽然于我们是一种无可奈何的选择，但客观上却是引进西方文化早而且多，使上海成了"近代化最成功的地方，市民文化最强大的城市"，往往统领风气之先。

姓海的海派文化，是随着上海发展而发展的，是客观存在，有客观规律，我以为大体可分为这样几个时期：

萌芽时期：1843年上海开埠以前，中华传统文化特别是吴越文化，为海派文化提供了基础，开始孕育海派文化。

成长时期：1843—1949年期间，特别是20世纪三四十年代，上海"八面来风"似的国内外移民，哺育了海派文化的成长。

转折时期：这又可以分为两段：1949—1965年间，建国以后，定都北京，商务印书馆等文化单位迁往北京，以郭沫若、茅盾、叶圣陶、夏衍、曹禺为代表的上海文坛骁将率队陆续迁居北京，上海在电影、文学、戏剧等诸多方面不再是中国的文化中心，这是很正常的转移。上海虽然不再是中国的文化中心了，但文化基础很好，依然作用不小，有些方面如电影、小说在全国的影响还是很大的。这也给海派文化带来了新的发展机遇。1966—1976年，"文化大革命"十年浩劫，整个中国文化，包括海派文化，遭受了毁灭性的破坏，罄竹难书。

成熟时期：1976年，笼罩祖国天空的阴霾一举扫去，阳光重新普照大地，结束长达十年的浩劫，开始拨乱反正、改革开放新时期，在全中国范围对"文革"进行反思，进行平反冤假错案，逐步恢复正常的文化活动。上海以话剧《于无声处》和小说《伤痕》为起点，海派文化开始新的阶段。在党的十一届三中全会精神指引下，上海再次成为东西方文化交流的中心，海派文化重新焕发青春，健康发展，在新的基础上正在走向成熟。

当前，海派文化面临着新的机遇和挑战，存在这样那样前进和发展过程中难以避免的问题和弱点，这是要引起重视并认真对待的。

姓海的海派文化，有哪些基本特点呢？我以为主要有：

一是开放性：海纳百川、有容乃大，为我所用，化腐朽为神奇，创风气之先河。不闭关自守，不固步自封，不拒绝先进。

二是创新性：吸纳不等于照搬照抄，也不是重复和模仿人家，而是富有创新精神，洋溢着创造的活力。当年海派京剧的连台本戏、机关布景是创新，如今的《曹操与杨修》也是创新，金茂大厦则是在建筑文化方面的创新。

三是扬弃性：百川归海，难免泥沙俱下，鱼龙混杂，尤其在被动开放时期，特别是在"孤岛时期"，租界内某些殖民文化的影响也不能忽视，需要加以清醒地辨别，区别对待，避免盲目和盲从。

四是多元性：海派文化和其他事物一样，具有综合性，是复杂的体系，不应该要求纯之又纯，水清无鱼，那就不成其为海派文化了。雅与俗，洋与土，阳春白雪与下里巴人相容并存，以致落后、低级、庸俗、黄色、反动文化，在以往那特定历史时期，也夹杂其间，怎么能用这些来对今天的海派文化说事呢。

五是商业性，海派文化在不同历史时期和不同政治、经济、社会环境中，其适应市场的商业性都有不同的表现。上海人往往对国内外市场行情具有敏感性，适应市场变化的能力比较强，有些从事文化艺术工作的人士，也比较有经济头脑和市场意识。

我认为，海派文化的"派"，既不是派性的派，也不是拉帮结派的派，更不是其他什么派。千万不要"谈派色变"，也不必对"派"字讳莫如深，远而避之，切忌不要一提到"派"字，就联想到造反派、搞派性、讲派别！不，我们这里所说的海派文化，是反映上海文化风格的最重要流派。我国有京派文化、徽派文化、吴越文化……和海派文化一样，都是中华文化的组成部分。我们的京剧有麒派、尚派等等，越剧有袁（雪芬）派、傅（全香）派、戚（雅仙）派……都是戏剧艺术的流派，流派纷呈有何不好。

我认为，海派文化是客观存在，不以人们的主观意志为转移。海派文化并不是一成不变的，而是一直在发展变化之中，既不要一提到海派文化就沉醉于20世纪30年代怀旧情调中，也不要一说到海派文化马上就和当年的流氓、大亨、白相人划等号。应该看到，经历了漫长时期的风雨淘洗，特别是进入改革开放新时期以来，上海发生了巨大变化，海派文化也呈现出前所未有的崭新面貌。海派文化发展的至高境界，我想就是"海派无派"，正如石涛先生所说，"无法而法，乃为至法"。应该要为海派文化向至高境界发展而不断努力。

时代呼唤《海派文化丛书》。

《海派文化丛书》是历史的需要。在经济全球化和文化趋同化的当今世界，我们伟大祖国亿万人民正在为建设和谐社会、和谐世界而团结奋斗，中央要求上海搞好"四个中心"建设，发挥"四个率先"作用，还要继续搞好在浦东的综合改革试点，为中国特色社会主义事业作出应有贡献，特别是要主动热情地为争取办好中国2010年上海世界博览会而努力。世界人民的目光聚焦上海，为了全面了解上海、正确认识上海，都迫切需要为他们提供新的准确而完整的图书资料。国内各兄弟省市的同志也有这样的愿望，新老上海人同样都有这个要求。可以说，编辑出版一套系统介绍海派文化的丛书是当务之急。

《海派文化丛书》必须力求准确系统地介绍海派文化。海派文化曾经有过争议，如今也还是仁者见仁，有不同看法是正常的，也是好事。我们编纂者则要严肃而又严格地正确把握，既不要过于偏爱，也不要执意偏见。近年来，由于上海大学领导的重视和不少专家学者热情支持，已经举行了多次海派文化学术研讨会，汇编出版了五本论文选集，受到社会各方面的关心和欢迎，但这还远远不够。我们要以认真负责的态度，出版好这套丛书。

　　《海派文化丛书》的创作、编辑、出版工作一经动议,就得到作家、编辑和有关领导的热情支持,得到上海大学、上海市对外文化交流协会和文汇出版社等大力帮助。我相信,《海派文化丛书》的出版可以为中华文化宝库增添新的内容,为中华民族的振兴和上海的建设增强精神助推力,同时,也可为希望全面了解上海的中外人士,提供一套具有系统性、权威性、可读性而又图文并茂的图书。

　　我谨代表《海派文化丛书》的作者、编者、出版发行者,向所有给予帮助和支持的单位及个人表示衷心感谢! 向读者和收藏者们致以诚挚的敬意! 向读后对本丛书提出批评意见和建议的朋友鞠躬致敬!

　　是为序。

李伦新

2007年5月20日于乐耕堂

(本文作者为上海大学海派文化研究中心主任)

目录

开 篇

园林，城市的插图

一位研究城市的学者打过一个比喻，城市像一本书，一幢幢建筑是字，一条条街道是句子，一片片街坊是章节，一座座园林是插图。在这一形象而生动的比喻之下，解读城市有了不同的视角。

"城市,让生活更美好。"2010年上海世博的主题口号,听多了忽然受到启发,将其稍加变通,移用到园林建设上,演绎出另一个主题:园林,让城市生活更美好。这并非毫无道理的鹦鹉学舌,远离乡村与大自然,在一个放眼皆高楼大厦,车水马龙,充满着拥挤、浮华与喧嚣的环境里生活久了,人们特别希望能看到满天星斗和满地的绿色。于是,有着无数绿色的生命,又汇聚了众多艺术结晶的园林,便成为城市人休闲、游览和进行文体活动的理想场所。丝毫也不夸张,正是那一座座或大或小的园林,让城市人的生活多了几许缤纷色彩。

一位研究城市的学者打过一个比喻,城市像一本书,一幢幢建筑是字,一条条街道是句子,一片片街坊是章节,一座座园林是插图。在这一形象而生动的比喻之下,解读城市有了不同的视角,结果殊途而同归。比如插图,但凡爱书的人都有体会,它的精美优雅,更能体现书的特色与价值。

一个人所共知的常识,每座城市都有她独特的自然、人文和历史,那么园林呢? 结论同样如此。因此,今天当我们置身于某座园林之中时,完全可以放任思绪自由驰骋,想它的昨天和今天,想它和所在城市共有的历史。

园林的历史久远而漫长。

人类园林意识的最初萌芽,是从农业定居生活后开始的。只有吃穿住行有了保证,人们才有条件关心居住周围的环境,在房前屋后栽种点花草,美化空间。久而久之,这一习惯转化为精神需求,造园活动即成为一种时尚。从此,人类生活每向前走一步,造园活动随之迈上一个台阶。

园林是人化的环境,是由建筑、山水与花木等组合而成的综合艺术的结晶,富有诗情画意,是一种文化。几乎是中、外共有的发展进程,园林起源于私家花园,包括皇家园林和纪念园林在内,无不如此。它们最初都为个人、家庭或家族所有，为少数人享用服务，伴随都市的形成，才演变为公共花园；及至进入现代都市，又一变为追求人、环境与自然的和谐结合，有了特大型公共园林和绿地。

十分显然，园林本身所附有的历史与文化内涵，是城市文化的一个组成部分。借用今天流行的语言，园林是城市的文化名片。

如同中华民族有着悠久的历史一样，中国园林的历史同样悠久。在世界造园史上，中国园林以其高超的艺术水平和特有的民族风格，独树一帜，有着无可替代的美学价值与独特地位。

为了本书以后篇章叙述的方便，先作一番简要的历史追溯。

王其钧和丁山在他们合著的《图解中国园林》一书中认为，中国园林的雏形是"囿"，大约出现在公元前16世纪的商朝。囿是指王室专门集中豢养禽兽的场所，兼有军事演习、祭祀的性质。《诗经·大雅·灵台》中有"王在灵囿，麀鹿攸伏"的诗句。所谓"灵囿"，就是周文王在西郊修建的苑囿。因年代过于久远，已了无遗迹可考，惟有留存的史料作佐证。彼时的"囿"中禽兽成群，一方面供统治者打猎之用；另一方面，也作观赏的对象。

秦汉时期，由"囿"向"苑"发展，规模进一步扩大，结构布局有了新的模式，有了山水的主题。尤其是汉代国力强盛，社会太平，出现了大一统局面。强盛的经济，丰富的社会文化，促使人们追求奢华夸张的生活。其时，不仅皇家囿苑华美富丽，而且官僚、豪富与贵族也纷纷仿效皇帝，扩建自己的园苑，私家园林渐成气候。

这以后，魏晋南北朝完成了从"囿"到"园"的过渡，帝王的宫苑虽然仍是园林的主导，但园林的游赏功能变得更加突出。

隋唐是中国封建社会又一个昌盛时期，雄厚的经济实力等诸多因素推动园林快速发展，在继承前代特点的基础上，造园艺术出现新的风格。皇家园林数量、规模远超前，内容、职能也有了明确分工。到了宋代，中国园林的风格和气派基本形成,山水气质的特点表现得淋漓尽致。大量文人亲自参与园林的营造,倍添了浓厚的文人气质。

历经千余年沉淀积累,当历史的车轮驶入15世纪,明清两朝中国园林的发展进入高峰时期。

先是明朝承前启后,成为中国造园史上的又一个黄金时代。这一时期,最值得关注的是私家园林的勃兴。明末资本主义开始萌芽,江南地区工商业发达,经济十分繁荣,生活在温柔富贵之乡的有钱人,并不贪图求官作宦,也不愿设肆作贾,反眷恋温馨清幽的家园风光,构园自乐成一时雅尚。造园的兴盛与园艺的成熟,还培养出一批专业的造园之家,专门著作随之问世。计成的《园冶》,系统阐述了文人造园的思想和造园技术手法,是我国最早的造园著作。

而后由明入清,是中国造园艺术的又一巅峰时期。"功能各异、形制不同的园林建筑,精湛成熟的山水布局,变化多端的造园手法,使皇家园林集外观的大气和内在的精致华丽于一体。"与皇家园林兴盛保持同步发展的私家园林,也如雨后春笋般涌现,并各以其独特的风格,呈现出瑰丽多姿的迷人风景。至今我们尚能看到的诸多古典园林,多是明清时期留下的遗存,仍以其迷人的风韵,供中外游人观赏游览,引导人们在咫尺天地中领略自然美与艺术美的和谐统一。

陈从周教授在他的名著《说园》中指出:"中国园林由建筑、山水、花木等组合成一个综合艺术品,富有诗情画意。""我国名胜也好,园林也好,为什么能这样勾引无数中外游人,百看不厌呢?风景洵美,固然是重要原因,但还有一个重要因素,即其有文化、有历史。"寥寥几十字剖析点评,堪称精妙绝伦,不愧为一代园林大家。

以上关于中国园林发展简史的转述,不免失之粗浅,甚或多有错漏,但基本上勾勒出了中国园林发展的大体走向及其文化内涵。

余下的话题转向上海。

据传,上海的园林在魏晋南北朝时就发展起来,三国时期在现上海区域范围内已建有寺庙园林,到宋代又有私人宅园的兴起。不过,这一切少见详实的记录,更缺少实在的留存可供佐证,不妨姑妄听之,或有待于进一步研究求证。

上海的历史同样是悠远的。

从一片汪洋到滩涂到小渔村,到唐代天宝年间设置华亭县,共约6000余年。华亭县范围包括嘉定、宝山、崇明和今上海市的大部分地区,因所属范围内有三泖九峰的风景名胜,历代文人杜牧、范仲淹、司马光曾留下美丽的诗文华章。

但这并不真正属于是"上海"的历史。

学界的一致看法,上海的历史始于上海建城,时间是元至元二十九年七月己未,即1292年,至今700余年。建城不久,适逢明清两朝园林发展走向高峰,苏州、扬州私家园林先后崛起,上海的宅邸园林也跟着兴盛,累计达数百余处。在造园艺术上,它们继承了中国园林的固有传统,风格属于江南园林一脉。如果后来的一切没有发生像史书记载那样的巨变,上海园林会以另一种面貌留传下来。只是历史没有"如果"。

1840年,中国人永远无法忘却的一年。这一年,揭开了长达一百余年上海殖民历史的序幕,改变了上海前行的轨迹,转而步入一条新的发展之路。以园林建设而言,一批专供外国侨民享用的花园陆续建成,公共花园的理念传入上海;原有的私家园林、后起的达官富商新建的园林纷纷仿效,以营利为目的对外营业;上海市和各县政府不甘落后,尽其所能辟建花园,向公众开放。这一系列变化,促使中国园林进入了一个以公园为标志的新的发展阶段。

海纳百川,洋为中用,兼容并蓄,上海特有的历史培育了海派文化,对上海的影响极为深远，乃至新中国成立后，仍绵延不绝，而且有了新的发展。

现存最早的上海园林是豫园，始建于1559年，距今450年。漫长而多变的岁月更替，每个时期上海都留下了一批或古典式或西洋式，抑或中西合璧式的公园，大大小小共百余座，成为今天上海人民休闲、娱乐、锻炼，丰富日常生活，提升文化层次和宣扬民族文化的重要阵地。

百余座公园如同是百余幅上海的"插图"，它们记载了上海的发展历史，彰显了鲜明的海派文化特色。无疑，有选择地对其中的一些"插图"进行解读，是一件很有意义的事。

第一章

私家花园的演变与新生

自鸦片战争战败，上海成为通商口岸，伴随一批西式园林的先后兴建，上海私家园林也由一人（家）独享，转而向公众开放。

"私订终身后花园，落难公子中状元"，中国传统戏剧中常有这种令看戏人潸然泪下的情节。避开具体的戏剧故事不说，稍加捉摸掂量，从中传递出的是如下两方面信息：其一，中国园林最初都是私家宅园。封建社会礼教森严，大家小姐久居闺房，不得随便外出，不是自家私园，怎能在花前月下与人私订终身？其二，花园里有诗情画意，能让人互诉衷肠，是有情人表露心迹的理想场所。

　　"以画入园，观园如画"的私家园林，园主不是官宦大夫、文人雅士之辈，就是庄园地主与富商大贾，他们以清高脱俗自居，崇尚自然，迷恋山水，造园自居，在由建筑、山水和花木诸元素综合组成的艺术化天地里，读书、吟诗、作文、绘画、操琴、弈棋、品茗、清谈、饮酒、垂钓、游山、泛舟……似神仙般自得其乐，其后辈子女也得以在如画如诗的景色中谈情说爱。因此，有学者认为，中国园林完整的名称，应是"中国传统的文人山水园林"。

　　上海园林兴盛于明清，确切的时间是明嘉靖以后。

　　明朝开国之初，明太祖朱元璋头脑是清醒的。面对改朝换代后残破的河山和凋敝的经济，他一边采用高度集权的手段，巩固来之不易的江山，一边大力发展经济，恢复国力，同时提倡节俭之风，对一至九品官员的房舍、衣服、车舆、器用都有明确规定，不许越雷池一步。在此情况下，明初的官舍民居朴实无华，不事雕饰；皇家园林或是私家园林兴建无从谈起，至多是处于筹划酝酿之中。

　　奢靡之风得以抑制，人民休养生息，经济有了很大发展。可好景不长，很快东南一带屡遭倭患，社会稳定、经济繁荣和人民的生命财产受到严重威胁。

　　据史料记载，仅嘉靖三十二年（1553），富庶的上海连续五次遭到倭寇侵扰，房屋遭焚毁，财物遭洗劫，青壮男女死伤无数。为抵御外敌，原本没筑城的上海县奏请朝廷批准,趁倭寇暂时退走之际,用三个月时间,筑起了以县城老城厢为中心,周长九里、高二十四尺的城墙。第二年正月,倭寇再度来犯,城内军民居高临下,齐心合力打败了入侵之敌。冷兵器时代,有无城墙,对防范外敌入侵不可同日而语。后人有上海"宋代成镇,元代设县,明代筑城"之说,其中"明代筑城"指的就是这段上海人民抗倭的史实。

1911年11月,上海反清起义成功,不断有人提议拆除城墙,以便城内城外连成一体,有利于上海社会、经济的发展。1914年冬,有着300多年历史的上海城墙轰然倒下,仅残留大镜阁那一段,作为历史文物妥加保护。当然,这一切都是后话。

明嘉靖以后,外患消除,民心安定,经济再度振兴,明初节俭尚廉之风逐渐式微。从朝廷到文人士大夫,营造园林日益成风。尤其是自然条件得天独厚,商品经济高度发达,封建人才辈出的江南,以苏州为核心,私家园林如雨后春笋般涌现,成一时之风,时间不长,仅苏州一城就建有园林270余处。

此时的上海,早已是"东南名邑",社会、经济日趋繁华,各地商贾挟重资前来经商,人口快速增长。因此,当苏州私家园林蓬勃兴起之际,上海的官宦、文人、商户不甘寂寞,纷纷营造私园。据史料记载,从明代中叶至清代中叶,在现上海市境内的宅邸园林计有数百处之多,尤以豫园、日涉园、露香园、古猗园、秋霞圃、醉白池、曲水园、秀甲园、熙园等最为著名。

露香园,位于上海城北九亩地,由道州守顾名儒筑万竹山房,其弟尚宝司司丞顾名世在山房东开辟旷地,凿池得石,上有"露香池"三字,传闻是书法大家赵孟頫所写,是故取园名"露香园"。园内风光绮丽,产佳果水蜜桃,出闻名至今的"顾绣",一时名声四扬。

作为江南园林,上海园林既不同于北京皇家园林和北方私家园林,也与有颇多相似之处的苏州园林另有所别,在采用小中见大、融亭台楼阁与大自然和谐统一造园手法的同时,更追求在咫尺天地中领略自然美和艺术美。

自鸦片战争战败,上海成为通商口岸,伴随一批西式园林的先后兴建,上海私家园林也由一人(家)独享,转而向公众开放。可惜的是,由于清末之后的一段岁月战乱不断,灾害、改建和园主屡屡易人,上海园林日渐湮没。1949年5月上海解放,只剩下豫园、秋霞圃、古猗园、醉白池和曲水园五座古典园林。尽管如此,由它们所散发出的深厚历史文化底蕴和中国古典园林的异彩与魅力,仍让后人赞叹不已。

第一节　名园之冠:豫　园

坐落在繁华喧嚣的老城厢地区,建于明嘉靖三十八年(1559)。为"愉悦老亲",取名豫园。成园时规模恢宏、景色旖旎,成景物大观,享"东南名园冠"、"奇秀甲于东南"之誉。450年历史,几建几毁,又再获新生。小中见大的巧妙园艺,极富含蓄之美,体现出传统文化的无穷韵味。

从九曲桥步入豫园大门,迎面所见的是原中共中央总书记、国家主席江泽民书写的"海上名园"题词石。时间是1999年5月18日,时逢豫园建园440周年纪念。在黄山石古铜色色泽的映衬下,涂金的大字显得遒劲有力。

题词石后是高大宏敞的三穗堂,堂内高悬清道光六年(1826)江苏巡抚陶澍题写的匾额"城市山林",虽年代久远,仍异常醒目。明清之际,"城市山林"成为园林的代名词,也泛指文人士大夫在城市中隐居的住所:园

* 江泽民题词石

外车水马龙,市声喧嚣;园内静谧幽深,古朴典雅。豫园位居当时上海城中心,繁华热闹自不待说,而仅一墙之隔,园外是另一重不同的天地。

悠久的历史,独特的园容园貌,使豫园成为上海地区最具代表性的中国古典园林——东南名园之冠,被国务院公布为全国重点文物保护单位。

走进豫园就是走进了历史

明嘉靖三十八年(1859),豫园动工营建,至今450年,其间的兴衰沧桑,留下了诸多的历史记忆。

有学者说,走进豫园就是走进了历史。

追根溯源,潘允端为感谢父亲潘恩的抚养教诲,履行人伦孝道,萌发建园林之念,供父亲养老。

潘氏是明代上海城的名门望族,时人所谓"同怀兄弟四轩冕,一家父子三进士",说的就是潘恩、潘惠、潘忠、潘恕四兄弟相继出仕;潘恩和一对孪生子潘允哲、潘允端都曾登进士,一门两代,如此风光,传为美谈。潘恩官至刑部尚书,在明代的上海人中,除后来的徐光启外,再无第三人仕官显位。

潘恩为官清廉,不阿谀逢迎,不张扬跋扈,深得民心。他家中挂有一副对联,上联"履富履贵履盛满,如履春冰",下联"保身保家保令名,如保赤子",上下联合解,是他一生兢兢业业、洁身自好的写照。靠着这一做官为人之道,潘恩仕途生涯长达40余年,平平安安,没什么大起大落。68岁那年,儿子潘允端到刑部任职,为了避嫌,潘恩告老引退,回到上海住进城隍庙一角的祖宅,养花种草,看书练字。

为报答养育之恩,让父亲能安享晚年,潘允端在祖宅西面数畦菜地上,聚石凿池,建造园林。官身不自由,自由不做官。因宦海浮沉,潘允端在外任职十多年,只能"履作屡止,未有成绩"。

万历五年(1577),潘允端以疾病为由,辞官回到上海,再遍请园艺名家,一心一意营造园林,把余生精力全部补上,财力上更是"每发耕获,尽为营治之资",以不断充拓扩大,增添景物。又费时十余年,累计20年苦心经营,于万历十八年(1590)建成一座占地70亩,规模恢宏,景色旖旎,盛名一时的私家园林,赢得"东南名园之冠"、"奇秀甲于东南"的美誉。同时代上海名人、书画大家董其昌闻听潘家私园建成,当即作诗捧场,极尽渲染园中美景精美绝伦。

无奈好事多磨。传闻豫园即将落成,有人暗中上奏朝廷,说潘家大兴土木,是建造皇宫。这种说法如是事实,是杀头的大罪。面对别有用心之人的诬陷,潘允端泰然自若,从容应对。他连夜请人将临近城隍各殿的神像移入豫园内厅堂,又私下准备好打点银两,等待前来查办的钦差。事后果然一切如愿,得了好处的钦差回朝复命,说潘家修建的是庙宇,根本不是什么皇宫。一件意外风波,起时声势浩大,最终化险为夷,足见潘允端遇事足智多谋,非等闲无用之辈。

豫园建成,潘允端撰《豫园记》,言及取豫园之名,说是"取愉悦老亲之意也"。"愉"和"豫"古意相通,读音相近,所以取"豫园"之名,寄托了他的一片至诚孝心。可惜其父潘恩于万历十年(1582)逝世,未能看到园子的落成。对此,潘允端用"不及一视其成",表达了他的伤感。

除此之外，《豫园记》更像一篇导游词，它详尽地记述了园内从东到西、自北往南的每一处景物，为人们留下了描述这江南名园最有价值的历史文献。而比这更有价值的是，为后人留下了一份弥足珍贵的文化遗产。

然而，天下事从来不会永远圆满。

潘恩未能在豫园安享晚年，倒是潘允端自己长居园中。晚年的潘允端忘记了父亲"如履春冰"的教诲，过着奢侈的生活。他养姬蓄妾，眠娼宿妓，寻欢作乐，为所欲为。一帮原官场同僚或文人雅士往来其间，游宴、演戏、请仙、扶乩，整日介一派乌烟瘴气。潘允端肆意挥霍，挥金如土，终至入不敷出，资不抵债，家道日渐衰落。

旧时俗话，"富不过三代"。没想到，"一门父子三进士"显赫的潘家，竟然应验。潘允端死后不久，子孙将家产大半变卖，潘家旧居世春堂被人收买赠予西方传教士，改建成天主教堂。豫园景象也日趋颓废，无力维修，到明末崇祯年间，为潘允端孙婿、通政司参议张肇林所买。此时正值清军入关南下，为避清兵骚扰，张肇林在豫园厅堂内塑了佛像，改作寺院。不料时间未几，张肇林去世，豫园更显荒芜，仅剩下少许破旧建筑，其余之地复又沦为菜畦。

就这样，在伴随一个王朝灭亡的同时，一座"奇秀甲江南"的私家名园渐渐衰败。

这是豫园的第一段历史，一段由盛而衰的历史。

一个新朝代的开始，总会有些新的气象、新的发展。清初，上海社会由动荡走向稳定，经济从停滞走向复苏，豫园南面的城隍庙香火日盛。建于元初的这座寺庙，一直没有庙园，也没有祈雨求晴的祭天灵台。城内大户捐款筹资，在庙的东侧购进一小块土地，堆土筑台，建楼堂种花木，算作是庙的灵苑，取名东园，又称内园。而此时地处闹市又荒芜日久的豫园，受到多方势力的觊觎，大有被瓜分、贱卖的危险。为防不测，曾有城内士绅修葺早已废弃的部分厅堂,改建为清和书院,不想中途又突生意外之变,书院未能建成。

眼看豫园旧址一片荒凉,有识之士不忍心让曾经闻名遐迩的美丽名园消亡,决心保护、恢复老祖宗留下的这份文化遗产。清乾隆二十五年(1760),地方绅商凑钱集资买下荒废的园地,着手恢复与重建豫园。然而,毕竟时移事迁,再没有人能独资承担建园重任,再现昔日的秀丽景色。迫于无奈,经公议,决定交城隍庙道士管理,作为城隍庙园。因城隍庙已有东园,豫园遂被称为西园。后两园合一,共称豫园,前后"历二十余年"修复,"所费累钜万",在乾隆四十九年(1784)竣工,"俨然复睹其盛"。时邑人乔钟吴慨然撰写《西园记》,记述当时的园容园貌。

一代名园成了供众香客信徒日常游憩的寺庙园林。逢年过节,每月初一、十五,园门大开,任人游览。

再后来,社会经济形态发生了深刻变化。伴随海禁开放、海上贸易、海上交通日益频繁,上海逐渐成为东南沿海重要的港口城市。商品经济兴隆,商业竞争加剧,为维护行业利益,类似行业协会性质的行业公所纷纷成立,在上海社会舞台上扮演了重要角色。它们陆续在已成为城隍庙庙园的豫园内,选择景点建筑,作为集会、议事场所。有资料显示,从康熙年间最初进驻的布业公所,到光绪年间,花业、帽业、猪业、钱业、米豆业共21家行业公所在豫园落地。这些行业公所的进入,一方面造成豫园被蚕食、瓜分;另一方面,各行业公所又出资,分担豫园的重建、修复和维护,部分景点厅堂重获新生,由寺庙园林转变为被分割的公所园林。

从私家园林变成寺庙园林,再由寺庙园林变成公所园林,这是豫园的第二段历史。

豫园的第三段历史,是1840年以后一百多年间奇耻大辱的历史,占领者的炮火熄了再起,豫园惨遭蹂躏,遭到毁灭性破坏。

清道光二十六年（1842），第一次鸦片战争期间，英军进攻上海，吴淞口炮台失陷，英军从上海城北门长驱直入，司令部设在湖心亭，园中建筑和城隍庙住满英兵。随后几天，英兵猖狂掠劫，"园亭风光如洗，泉石无声"。咸丰三年（1853），上海小刀会起义，城北指挥部设在豫园点春堂。两年后小刀会起义失败，清军破城，纵火焚烧，点春堂等景点成一片火海。咸丰十年（1860），太平军东征进驻上海，清政府勾结英法军队协助守城，英法军在三穗堂、萃秀堂、得月楼掘石填池，建造兵营，两年后才退兵撤出。1937年"八一三"淞沪抗战，豫园被上海市政当局划入"南市难民区"，涌入大量难民，随地搭建窝棚，香雪堂遭日军炮火炸毁，剩下一片废墟。

一次次战乱，似雪上加霜，原本幽雅的园林名实俱消，惟留下残垣断壁、污池浊水和枯萎的花木，望而令人心酸。及至上海解放前夕，豫园内除行业公所，再就是商店、酒楼、茶肆，商贩云集，江湖卖艺与相面测字术士充斥其间，豫园之名也为城隍庙所替代，芸芸大众多只知城隍庙而不知有豫园。

呜呼，一代名园伤痕累累，翘首等待医治创伤，再一展英姿。

庭院深深阅不尽人文美景

豫园终于等来了它的新生。

1956年，上海拨专款修复豫园。由于荒芜太久，破坏太深，原有景点大多残缺垮塌，修复时间长达5年，修复和重建了三穗堂、玉华堂、会景楼、九狮轩等古建筑，疏浚淤塞的池塘，栽种大量花草树木，与内园连接融为一体。这次修复，荷花池、湖心亭和九曲桥被划在园外。

1961年9月15日，修复后的豫园对外开放。

虽然因当时财力有限，部分景点未能修复，园中多少显得有些空旷失衡，难以体现原来曲折通幽、小中见大的园貌特色，但毕竟使已有400年历史的古老园林死而复生，功莫大焉！

此后，在1978年、1982年多次修缮，扶危复正，铺砖修路，调整花木，累计项目上百项。尤其是1986年，原南市区政府斥资600万元，参照清乾隆年间豫园的布局，分三期再次进行整修，体现江南古典园林的特色，先后对玉玲珑、九狮轩等东部景区、内园的古戏台进行修复式移建，耗时三年有余。再次整修后，豫园典雅精巧，布局合理，植物配置得当，秀丽景色更胜当年，成为中外游人所喜爱的参观游览场所。

450年前豫园始建占地70亩，今天豫园占地仅30多亩，为初始面积的一半，然当年佳景已基本恢复。全园六大景区用墙相隔，有门洞相通，每个景区凸现不同的个性、特征、主题和形态，一景接一景，一景套一景，连成一体。

从九曲桥正门进入，真可谓庭院深深，悠远莫测。堂殿廊亭、假山奇峰、池塘溪流、名花贵木，彼此交织，如一幅幅优美的中国传统山水画作，给人以情景交融、诗情画意般的审美享受。更有些景观，或一石一木，深藏人文典故、民间流传，让人萌生无限感慨，唏嘘不已。

下面依据上海豫园管理处所编的《豫园》导游册，选择数处，作一番纸上游览。

其一，从三穗堂到大假山。正门进豫园，首先看到的是高敞轩昂、坐北朝南的三穗堂。堂名三穗，典出《后汉书·蔡茂传》"梁上三穗"的故事，寓读书人可入仕为官的吉祥之意。该堂在清乾隆二十五年（1760）改建西园时所建，是官府举办庆典和"宣讲圣谕"的重要场所，地方文人绅士也常在此聚会，论诗谈文，畅议朝廷大事。为营造吉祥氛围，堂前植有盘槐、桧柏，堂内高悬"城市山林"、"灵台经始"、"三穗堂"三块匾额，位置依次提升，具层次感及森严崇高之气。"灵台经始"意为天降祥兆，国泰民安；"城市山

林"意为此处充满山林自然野趣;"三穗堂"是堂名。园主潘允端撰写的《豫园记》,由已故现代书法家潘伯鹰书写,装入巨型镜框挂在堂中。

环顾四周,堂内槅扇雕刻着稻麦、玉米、高粱、瓜果图案,堂外回廊有精美的泥塑漏窗,中间是松鹤图案,四边为回文福、禄、寿、喜四字。堂内外互相映射,既与堂名相符,又遍布吉祥喜庆之意,用意之深,构思之巧,可见一斑。

"豫园"之名,由明万历丁丑年(1577)书法家王穉登题写的门额石刻,镶嵌在堂东侧的粉墙中。历数百年风雨侵蚀,字迹依然清晰,望之一目了然。

作为豫园第一景区的首幢建筑，三穗堂犹如一张名片，也像一份说明书，吸引游人向园中更深处走去。

绕过三穗堂，北面一座是两层楼阁，一层是仰山堂，二层是卷雨楼。仰山堂内挂有录自晋王羲之《兰亭序》中"此地有崇山峻岭"的匾额，点出了与仰山堂相对的大假山。大假山高14米，壁陡壑幽，山道隐约，蜂回曲折，气势磅礴，由数千吨浙江武康黄石堆砌建成，是江南地区现存最古老、最精美、最大的黄石假山。

大假山出自明代著名叠山家张南阳之手，是他迄今尚存世的唯一一件作品。张南阳是上海人，以垒石造山出名，人称"卧石山人"、"张山人"。他从小学画，以画家转为叠山家，艺术修养非一般人所能及，造出的

＊大假山

假山当然不同凡响。

陈从周先生对大假山极为看重，"豫园之精华，首推大假山"；"假山雄健，复有三绝之胜：石壁、飞梁、平桥。石壁森严，飞梁临涧，平桥缘水，皆因山势而作层次，高下相间，错落有致，形成山有态而有水容，波光潋滟，凭栏舒展成图"。有此等评价，不知还能否找出第二例。

早在豫园建成时，大假山颇负盛名，400多年来，其余景物时废时兴，独它保持原貌不变。除北面是仰山堂外，大假山东、南、西三面又各有挹秀亭、螺丝洞和钓鱼台景物。山顶有望江亭一座，当年可在亭中远眺黄浦江。每年逢农历九月初九重阳节，城中人来园内登高望远。"危峰高百尺，拾级快先登……爱此秋光好，题糕兴欲乘。"清人王庆桢当年写诗咏登大假山望远，至今读来如身临其境。现在豫园四周高楼林立，登大假山再也看不到黄浦江了，但站在山顶上看全园美景，也是一件快事。

其二，无法忘却的点春堂。点春堂属第三景区，分中、东、西三条轴线，中轴线以抱云岩和水池为中心，东轴线以快楼为中心，西轴线以穿云龙墙为中心，整个景区最具价值和意义的还数点春堂。

点春堂，堂名出自苏东坡词句"翠点春妍"，也有说是出自温庭筠诗"丝飘弱柳平桥晚，雪点寒梅小院春"一句中的"点春"二字，意思是指在严冬中傲放绽开的寒梅，是春天即将来临的前兆。究竟出自谁的诗（词）句，并不重要，重要的是点春堂中发生了一段载入史书的历史。

· 点春堂建于清道光初年，五开间大厅，气象雄伟，瑰丽精致，墙扇上雕戏文人物，梁柱花纹造型奇特，饰以金箔，色彩艳丽。行业公所分割豫园，这里曾是福建花糖洋货商人祀神议事之所，俗称"花糖公墅"。1853年9月7日，上海小刀会起义占领上海县城，点春堂是起义军城北指挥所，小刀会领袖之一、太平天国统理政教招讨左元帅陈阿林，将点春堂改为公署

（指挥所），发布政令。其时，西面的萃秀堂、万花楼、三穗堂、得月楼都作为小刀会办公、存粮和军火之用。两年后小刀会起义失败，点春堂遭到严重破坏。清同治七年（1868）集资重修，历时四载方告完工。

1961年10月，郭沫若到修复重建后刚开放的豫园游览，在点春堂，他以诗人的气质当场挥毫："小刀会址忆陈刘，一片红巾起海陬；日月金钱昭日月，风流人物领风流；玲珑玉垒千钧重，曲折楼台万姓游；坐使湖山增彩色，豫园有史足千秋。"1963年10月，革命老人谢觉哉到豫园参观点春堂，也情不自禁题诗一首："争说英雄刘丽川，红旗崛起气无前。点春堂里观刀剑，犹自寒光光烛天。"

作为小刀会起义仅存的遗址，点春堂挂着一幅晚清画家任伯年的巨幅国画《观剑园》。任伯年年少时参加过太平军，画作反映了他对人民斗争的赞美之情。该画两边是当代上海书法大家沈尹默书写的对联："胆量包空廓，心源留粹精"，歌颂小刀会起义军的豪迈气概和崇高精神。此外，堂内还陈列了小刀会起义军使用过的武器、自制的钱币和发布的文告等文物。

站在点春堂前，游人想到的是那一段不能忘却的历史。如同郭沫若题诗的最后一句："豫园有史足千秋。"

其三，镇园之宝玉玲珑。玉玲珑在玉华堂景区，是一座高约一丈之余的石峰，与苏州瑞云峰、杭州绉云峰，并称江南三大名峰。玉玲珑上下都是孔洞，仿佛人工雕刻，亭亭玉立，石呈青黑色，外形如一支万年灵芝草，姿态婀娜，灵逸秀丽。据说，在下面孔洞里焚一炷香，烟雾会从上面的孔洞中缓缓飘出；往上面孔洞里倒一盆水，下面孔洞会冒出朵朵水花。古人品石讲究"漏、皱、瘦、透"，玉珑玲四者具备，乃石中上品。

* 镇园之宝玉玲珑

围绕石玲珑的传说，传奇精彩，虽无从考证，听了仍让人感到高兴。

一说玉玲珑是北宋崇宁四年"花石纲"的遗漏之物。当年宋徽宗赵佶为在京城造花园艮岳，从全国各地搜罗名花奇石，名曰"花石纲"。为博得皇帝欢心，大臣蔡京心腹朱勔主持苏杭应奉局，凡民间一石一木皆劫往东京。有关官吏乘机勒索，流毒州县。方腊揭竿起义，造成部分奇石异峰未能运走，留在了江南，玉玲珑便是其中之一。

二说到了明代，玉玲珑为朝廷权臣严嵩亲信赵文华所得，赵为讨主子欢心，将此石送给了严嵩，后不知怎么转到礼部尚书朱恩手中。朱是上海人，玉玲珑于是被送到上海。后来的事情变得有史料可查了。清上海人王孟洮《记玲珑石》一文，记载了玉玲珑落户豫园的经过。

原来，玉玲珑是上海浦东三林塘明储昱南园的旧物，储昱之女嫁给潘恩的小儿子潘允亮。潘允端营造私园，玉玲珑便从南园移至豫园，为豫园增添了一景。

其间，又有了新的故事。

玉玲珑从南园运到豫园，船行至黄浦江中心，忽然起风，"舟石俱沉"。潘家人当即命会泅水的民工跳入江中，用绳子把玉玲珑拖到岸上，又顺带捞起了另一块石头，现成了玉玲珑的底座。

一路走来，豫园之秀美，幽赏不已。

比如，南园的曲苑古戏台，始建于19世纪末，坐南朝北，雕梁画栋，藻饰精美，被誉为江南古戏台。戏台7米见方，左右两边有栏杆，台柱高约2米，两侧石柱上雕刻着著名京昆表演艺术家俞振飞书写的对联："天增岁月人增寿，云想衣裳花想容。"戏台正面的还云楼设贵宾佳座，全是清代的太师椅和茶几。两边有双层看廊，安放着仿古的明式红木靠椅，共200个观众座位。对一位戏剧演员来说，若能在这样环境典雅、古趣盎然的戏台上演出一场传统戏曲，将是莫大的幸运与荣耀。

450年的历史，豫园每一处景点，每一幢建筑，每一幅书画，每一块匾额，每一副对联，每一棵古树名木，甚至每一块石刻、砖雕、泥塑，都有一段传奇般的故事，荡漾着浓浓的古意，附着着深厚的中华传统文化。丝毫也不夸张，诠释解读豫园的悠远、深邃、古朴、幽雅、含蓄、清丽、灵秀、精致的中华传统文化之美，可以写成一本厚厚的专著。

名园接笔催生多元文化

几度衰败湮没的豫园，新中国成立后一次次得到整治、修复、重建和维护，历史和现实终于接笔。"奇秀甲于东南"的一代名园如枯木逢春，再续辉煌。尤其是自上世纪80年代开始，豫园声名日隆，许多人不知有城隍庙而只知有豫园。

今日的豫园已不只是一座园名，它成了一个品牌，豫园商城、豫园旅

* 中华老字号：上海五香豆商店

* 豫园商城

游股份公司、豫园街道……不少单位或机构都用"豫园"冠名。与此同时，它又成为上海的一个地标，不管什么场合，只要一提起豫园，人们马上会想起南市老城厢那一片充满盎然古意与现代气息的土地。在那里每天都有许多外地人、上海人，还有外国人，彼此各求其乐。城隍庙香烛缭绕，商城里生意兴隆，豫园里游人如织，园——豫园，庙——城隍庙，市——豫园商城，三者浑然一体，构成蜚声中外的豫园旅游区；浓厚的本土文化、民族文化、民俗文化、市井文化，相容并存，成一大景观。

这里，有必要提及豫园与商城的关系。种种文化现象并存，很大程度上通过商场的经营表现出来。

豫园周边的店铺商贩究竟始于何时，很难考证确切的年代，大体的时间在清道光、咸丰年间。随着园林景物的荒废，空地日多，小商小贩、江湖卖艺之流有了生存的空间。再后来园景进一步遭到破坏，许多地方成为瓦砾场，又给商贩、艺人提供了发展之机。日积月累，终至成市。

简而言之，先豫园退而后商业进，到清同治年间，庙市与豫园旧址已连成一片。清人王韬在其《瀛壖杂志》中所记的豫园，已完全商场化了："园中茗肆十余所，莲子碧螺，芬芳欲醉。夏日卓午，饮者杂遝。""茶寮而外，设肆鬻物者又百余家。隙地虽多，绝无一卉一木，堪以怡情，园林幽趣，荡然泯矣。"一句"绝无一卉一木，堪以怡情"，读来不免心酸心碎。到解放前夕，豫园已被大多数人忘却，人们记住的是老城隍庙，以及它的茶楼庙会、商铺小吃、梨膏糖、五香豆、拉洋片，还有花鸟虫鱼和测字算命。

今日的豫园商城非昔日商场可比。

古园起死回生，声名远扬，大众心目中，"老城隍庙"渐渐被"豫园"所取代。原商场几经改造，在改革开放的年代成了"豫园商城"，数百家大小商店，近两万种商品，形成"小、土、特、多"的经营特点。"小"者，指以小商品为主；"土"者，指各地土特产；"特"者，指特色商品；"多"者，指品种花色规格多。其中不少商品有鲜明的中华民族风格，附着着传统文化的深厚内涵，代表了传统文化的一个分支。比如，饮食文化、民俗文化、宗教文化、娱乐文化，等等。于是，中国人出访，少不了到这里选一些小礼品送给友人；外国人到上海旅游，也要到这里挑一些小玩艺儿带回去留作纪念，在这些小礼品、小玩艺儿身上，有深深的中国烙印，成为中华文化的象征。

和广义的豫园—商城多元化文化不同，狭义的豫园—园林，传承张扬的始终是传统文化。

今日的豫园，没有时尚的喧嚣，酒楼、咖啡吧不见踪影，也没有像海上其他公园那样，放着音乐跳交谊舞，叫着拍子练健美操，园中是那样的怡静悠然，浓浓的古意飘洒在各个景区，催人发古之思情，陶醉于诗情画意的美景之中。这样的游览真正是修身养性，是吮吸传统文化的精华，达到审美的最高境界。

中华文化，首推诗、书、画，文人相聚，少不了谈诗论画，泼墨挥毫，畅抒豪情。豫园自建成起，书画家聚会、切磋、展览就形成传统。清道光年间，豫园就有书画会组织团体，吴昌硕曾任会长。光绪年间，任伯年、蒲竹英、虚谷和尚等，以豫园为点创作书画。同治年间，书画家殷某的父亲在豫园创办飞丹阁，既作为收购并销售书画的营业部，又供书画家集会、交流、创作与住宿。一代上海画派的重要人物政绮、吴滔、任熊、任薰、任伯年、吴昌硕都经常出入飞丹阁，任伯年的不少画作均有"作于飞丹阁"的题记。

这其中，特别值得一提的是清宣统元年（1909），由姚鸿、黄俊、汪琨等人发起，高邕逸等人创办，会址设在豫园得月楼的豫园书画善会，集艺术创作、交流、研究于一体，注重同人间和社会上的经济资助，所以称"善会"。该会有会章规定："会员售画所得润资，照章储蓄半数于会中，存钱庄生息；遇有慈善事宜，公议拨用"。看来，今天上海的各种基金会和慈善组织，早在100年前的豫园，不仅已经有了它的雏形，而且还提倡发扬民主——"公议拨用"。

豫园重新开放，上述传统得以延续。

1960年，市、区两级文化部门先后邀请沈尹默、郭绍虞、丰子恺、吴湖帆、谢稚柳、王个簃、贺天健、唐云、程十发、朱屺瞻、吴青霞等当代书画大家30余人到豫园赋诗作画。直到1966年文化大革命开始前，每年二三次的书法家聚会活动，从未间断。1976年10月粉碎"四人帮"，这样的活动复又开始。刘海粟、谢稚柳、唐云、应野平、田恒等50多位书画大师几度到豫园参加雅集聚会，留下了一批珍贵墨宝。1979年，得月楼再次成为书画楼，绮藻堂中陈列着只供鉴赏的名家作品和可供出售的书画新作，还不时聘请知名书画家亲临现场一展身手，让中外书画家们联谊往来。

豫园收藏甚丰，除原有明、清精品外，另收有一批现当代作品，两者总计2 000余件，这使它有资本不断举办各种书画展览、画家雅集、学术研讨、出版画集等活动，以此推动海派书画的兴盛，为谱写海派书画艺术新篇章再作贡献。

凝聚中华文化的深厚底蕴，为中华文化发展继往开来，这是今日豫园文化的根本目的。

（注：本节照片由豫园提供）

第二节 绿竹猗猗：古猗园

建于明嘉靖年间（1522—1566），"十亩之园"遍植绿竹，从《诗经》"绿竹猗猗"诗句意境，取名猗园。清乾隆十一年，依原貌扩充修葺，因彼时北京紫禁城的龙椅换了皇帝，遂名古猗园，延用至今。"百亩之园"，三分之一是竹园，更兼有幽静曲水、明清建筑、楹联诗词和花石小路等特色，成江南古典名园。

古猗园位于嘉定南翔镇，与另一座名园秋霞圃相距不远。一城（县）之域拥有两座古典园林，从一个侧面印证了嘉定历史的悠久和文化底蕴的深厚。

古猗园确切的建园时间已无法认定，有史料可查的，只知道它建于明嘉靖年间。这实际指的是建园的过程。从最初"十亩之园"的私家庭园，到如今占地一百余亩的古典园林，480余年历史铸就了它古朴、素雅、恬淡与洗练的气质；曾经的古韵经典，注入了时代气息，更焕发出勃勃生机。

古猗园第一任园主闵士籍是嘉定南翔人，官任河南通判。因长年在外不能照顾寡居的母亲，心有不安。为人之子当侍奉膝下，无奈官身不由

* 古猗园大门

己，只好另想办法补救。思之再三，闵士籍决定扩建自家住宅，使之有宅有园，以便母亲既在宅中住，又在园中游，丰衣足食而颐养天年。就这样，一份孝心催生了猗园。

后来，猗园几次改换门庭。

明万历末年，闵士籍老而寿终，猗园转让给了"嘉定四先生"之一的著名画家李流芳的侄子李宜之。李宜之适当进行修缮，作《猗园成小筑喜赋》："……质钱为屋小，伐竹补篱斜……"表达了入住猗园后悠闲自得的心情。清乾隆十一年（1746）冬，洞庭山人叶锦购得猗园，在原有基础上扩充园基，一展新姿。此时北京的龙椅上早已换了皇帝，由明入清，隔了一个朝代，遂在原名前加了一个"古"字，更名"古猗园"。乾隆五十三年（1789），叶锦家道衰败，地方人士募捐买下古猗园作为嘉定城隍庙灵苑，从此远近香客络绎不绝，园内也增建了厅堂庵院，开设了酒楼茶坊，来往之人可在鸳鸯厅、不系舟上写诗作画。

建国后，古猗园先后三次大规模整修扩建，逸野堂、戏鹅池、松鹤园、青清园、鸳鸯湖等六大景区共20个景点，以绿竹猗猗、幽静曲水、明清建筑、花石小路、楹联诗词五大特色，呈现在中外游人面前，占地面积146亩，为五大古典园林之首。

绿竹猗猗与曲水悠悠

"园以景胜，景因园异。"

一首诗有一首诗的韵味，一座园林有一座园林的（景观）特色。

明嘉靖雅士江宏游猗园，留下一首七绝《游猗园》："烟花雾植古槎桥，涌出珠宫倚碧霄；风度猗园竹影静，水依殿霭石幢高。"诗的前两句点出猗园在南翔，南翔古名叫槎溪；后两句状写猗园的两大景色"竹"与"水"。风度竹影，水依石幢，即便不是亲临其境，凭想象也能体会出是何

* 绿竹猗猗

等的醉人美景。时至今日，古猗园有"百亩之园，三分之一是竹园；百亩之园，有千米溪水"之说，其意所指也是"竹"与"水"。

近500年岁月更替，"竹"与"水"始终是古猗园不变的景色。

嘉定自古多产竹，是著名的竹刻之乡。闵士籍改建私宅，聘竹刻名家朱三松精心设计，园成取名，借《诗经·卫风·淇奥》"绿竹猗猗"和竹林七贤嵇康《琴赋》"微风余音，靡靡猗猗"诗句，取名猗园。借诗人之智慧，融地方之特色，化成园中美景，算得上是匠心独运的一大创举。

竹常绿素雅，含淡雅秀美之情，隐高雅潇洒的品格；竹空心有节，可用之比喻人虚心好学、不断向上的美德。有感于此，历代文人学者对竹格外钟情，写竹、咏竹、画竹之作，车载斗量，佳章名句经久相传。宋代文学家苏轼谐语俗句，"宁可食无肉，不可居无竹"，平民大众无人不晓。清代"扬州八怪"之一郑板桥有诗，"风中雨中有声，日中月中有影，酒中诗中有情，闲中闷中有伴"，也广为人知。

若得闲放步古猗园，细品慢看，所见屋前宅后，石旁路边，以及粉墙边角，无不点缀竹丛、竹圃，方竹、紫竹、弥陀竹、佛肚竹，品种甚多，其形其状，或挺拔端庄，或婀娜多姿，当年园主超凡脱俗的审美趋向，追求优游隐逸的生活情绪，尽在无声的绿竹中得到体现。

清人沈元禄在《古猗园记》中写道："据一园之形胜者，莫如山"。那山指的就是竹枝山。山虽不高不大，但竹叶青山，竹山青青，景色更其秀丽迷人。山有浮筠阁，园中有翠霭楼，还有荷风竹露亭，以及曲郎两侧的茂影修竹，亭台楼阁，凡竹顶竹柱竹廊，竹椅竹栏竹窗，均取材于竹枝山。身居绿竹猗猗的世界，惟有心神松弛，心旷而神怡。

与绿竹猗猗相配，千米溪水似园中脉络，蜿蜒曲折，贯通全园，人称"幽静曲水"。园林人有言，园林之水当求有源，无源之水必成死潭。一园之中能有活水流淌不息，自然求之不得。然限于客观条件，多数园中之水都与外界隔绝，属无源之水。"死水"如何变活，成造园者一大决窍。

古猗园自古就以戏鹅池为中心，注重挖河理水，后历次整治扩容，也不忘对溪水进行延伸开挖，经久积累，终成千米长溪，为一般园林所少见。

山水审美有句名言："山不在高，贵有层次。水不在深，妙于曲折。峰岭之胜，在于深秀。"随地形之变，千米溪水时阔时窄，间或有变；时高时低，起伏有度。一俟流经之处，池岸石驳，有景物有花草，因而又时隐时现，似望之不尽，源远流长，不觉得是无源的"死水"。

曲水悠悠，作用在于以水托景、水、景互衬，动静结合，意境深邃。竹枝山临水而立，四周环水，分不清是水随山转还是山因水活，细品慢看，别具一番韵味。浮筠阁半浮于水，亭亭玉立，水中倒影十分清晰，以至水上水下相映成趣，平添几分魅力。戏鹅池、鸳鸯湖、何花池、龟山池等一干景

* 幽幽曲水（鸳鸯湖景区）

点，因有水相伴，方得以各展风姿；又因有水相串，方得以彼此沟通，一景接着一景。更兼有溪水两岸亭桥相望，桃柳花草，繁茂葱翠，有效扩展了视觉空间，目之所极，尽是一派幽静美景。

建于1985年的青清园，面积30余亩，成园中之园，其门厅高雅玲珑，屋脊嵌花，飞檐镂空，翘角飘逸，方窗对称，嵌以郑板桥竹画作窗棂，点出了园的主题——竹之园。园中植有凤尾竹、龟甲竹、香妃竹、螺节竹、刺黑竹、实肚竹等常规和名贵品种30多种，江南园林中无第二家可比。还是以竹造景，营造出相拥成荫的竹径，起伏多变的竹丛，竹石结合的竹石图，竹和建筑、花石小路相结合的竹径通幽，那是一个竹的世界。每有徐风拂来，竹声飒飒，竹影婆娑，绿竹猗猗之形之貌，与400余年前猗猗绿竹之情之状，一脉相承。自然，幽静曲水在青清园中也得以延续，继续发挥着它托景的审美妙用。

此外，还有匾额、楹联与竹刻，那是艺术化的"绿竹"与"曲水"。闵士籍聘竹刻名家朱三松对住宅规划改建，朱三松以深厚的理水造园技艺，除遍植绿竹，又发挥竹刻专长，在园中立柱、椽子、长廊上刻下千姿百态的竹景，动静相宜，别有趣味。

中国古典园林，匾额如人之须眉，是不可或缺的点缀品，对景观建筑起画龙点睛的作用。

古猗园的匾额、楹联多和"竹"、"水"有关。"十分春水双檐影，百叶莲花工里香。"清人廖寿丰题不系舟，留下这样的联句。"荷风竹露亭"。全国人大常委会委员长吴邦国游荷风竹露亭，挥笔留下这一匾额。"名园饶古意，猗竹寓幽情。"当代书法家翁闿运移步园内，留下的墨宝被刻在竹板上。精妙绝伦的名家书法，隽永深刻的文字内涵，栩栩如生的精美竹刻，汇聚而生的是浓浓的人文气息，置身其中，备觉韵味悠长。

绿竹猗猗，曲水悠悠，是诗也是画，是诗中有画，画中有诗，观之赏之，人的心灵被陶冶净化。除去了俗世的欲望纷争，留下的是一片平和温馨的宁静。在浮躁喧嚣、灯红酒绿中生活得太久了，不仿抽空到"竹"与"水"交织的天地去走一走，获得的是另一种截然不同的收获。

徜徉在亭台楼阁间

古典园林多建筑，从实用角度看待这一现象，建筑是景点，也是景点的点缀，再就是作游人观赏风景、遮风避雨的休息场所。闵士籍建猗园，有"十亩之园，五亩之宅"之说。一园之中，半是花草半是宅，建筑物之多成为一大特色。后来数百年间，几次扩建增容，相应建筑同步增长。亭台楼阁，厅廊轩柱，以土坡、树丛为屏障，形成大小不等、自由变化的空间。一个空间有一个空间的景致，一个空间有一个空间的韵味，粗看彼此相连，细瞧连而有分，踏行其中，忽然间"山重水复疑无路"，一转眼却是"柳暗花明又一村"，游兴勃然大增。

大小不一的一幢幢建筑，多临水而建，与水景配合。堂有逸野堂，厅有梅花厅，亭有白鹤亭，阁有浮筠阁，再有不系舟、绘月廊、翠霭楼、鸢飞鱼跃轩，一律的明清建筑。它们曾经在炮火中遭到损毁，又依原样修葺重建。注目凝视这些亭台楼阁，平面形式多种多样，立体造型变化多端，或古朴庄重，或纤丽精巧，各展其姿；粉墙黛瓦，花窗墨柱，一目了然。即便是细部元素，比如屋面小瓦、屋脊花色、屋顶飞檐，甚至门窗样式、雕刻装饰、油漆粉刷，亦布局曲折多变，色调简朴素雅，凸现出江南园林建筑精巧、自由、活泼的特点。

更具匠心的是，每幢建筑都通过花草、树木、假山、溪流、花石小路的衬托烘染，构建成一个区域主题。

你看梅花厅，紧临鸳鸯湖，清代风格的全木结构建筑，墨柱紫窗，窗格用梅花图案精雕镶嵌。环厅四周，一面近水，三面植有腊梅、红梅和绿梅，

相通的小路用鹅卵石铺成梅花图案。每当梅花盛开季节,树是梅花树,厅是梅花厅,路是梅花路,香是梅花香,全然一个梅花的世界,其景其情其意,任凭游人自己咀嚼。

然而,所有这些审视都是直观与静态的。

陈从周先生在谈到园林建筑时说:"一个园林里有建筑物,它们就有了生活。有生活才有情感,有了情感才会有诗情画意。'芳草有情,斜阳无语,雁横南浦,人倚西楼。'这里最关键的是那句'人倚西楼'。有楼就有人,有人就有情。有了人,景就同情发生关系。"这是从美学的角度道出了建筑在园林中的地位和功用。所以,游览古典园林中的建筑,不光是欣赏它的文化内涵,更要联系这些建筑中曾经发生的人和事,去品味它的人文内涵。

这方面，古猗园中的每一幢建筑都有着它美丽的传说和故事。

逸野堂，园中最古老的建筑之一。堂名"逸野"，极富诗意，暗含以隐逸为高的思想境界。有人专门描绘它的雄姿：屋脊两端，两只龙头相对而视，四角高翘，山头檐边如花瓣相连，侧看一条线，正看浪一片。厅中圆柱粗细均匀，有众柱拱顶之势，建筑结构和色彩融为一体，既古老庄重，又富有气势。《古猗园记》中称之为"莫一园之体势者，莫如堂"。

逸野堂是全园的主厅，园主在此招待宾客，也在此休息，因以不腐不蛀带有幽香的楠木为柱，也称"楠木厅"；又因厅外道路四面相通，登堂可观全园之胜，俗称"四面厅"。堂内原挂有著名书法家董其昌题写的"华岩墨海"匾额，在抗战中被毁，再不见踪影。现"逸野堂"匾额，由当

＊ 逸野堂

代著名书画家唐云所题。原匾消失了，但围绕此匾问世的故事，一直流传至今。

据说，猗园成园，董其昌闻得园景秀丽，园主人好诗文笔墨，雅兴顿起，不惜屈身登门造访。闵士籍获悉，忙相邀多名文人雅士在逸野堂会聚，与董其昌谈经论道，泼墨书画。兴之所至，董其昌推开厅中西窗，见四周怪石耸立，戏鹅池在阳光照耀下，如一池墨水，心中忽生感悟，凝神挥毫，写下"华岩墨海"四字楷书，赞赏猗园山石构造的华美，和聚会文人雅士诗书笔墨的深厚造诣。

逸野堂另一则关于盘槐的故事，多少有点传奇色彩。猗园初成，为突出逸野堂的庄重华美，闵士籍在堂外左右两边种下两棵盘槐，被人暗中向官府告发：民间宅园居有盘槐，是有谋反之心。原来，盘槐属落叶乔木，又名龙爪槐，形如黄伞盖，只能在皇家园林中栽种，必须成双结对。接到举报，官府派人捉拿闵士籍。闵士籍叫人刨去盘槐，谁知刚刨去左边的一棵，公差已跨进园门。情急之中，闵士籍一边用重金贿赂，一边说盘槐只有一棵，构不成谋反之罪。一场突发横祸就此平息，留下的一棵盘槐存活至今，成为沧桑园史的植物见证。现左边的那棵盘槐，是解放后从别处移植而来，与右边的一棵结成了一对。

短短两则故事，揭示了封建皇权的专制，文人雅士不满朝政腐败，无志于仕途，转而寄情山水，避世以求安逸。

不系舟。从建园开始，古猗园就以戏鹅池为中心构建景观，环池漫步，北有不系舟、竹枝山，南有浮筠阁，西有缺角亭。取名戏鹅池，皆因池内有白鹅成群，嬉水游弋，引颈高鸣。站在池岸观赏，绿水白毛，水静鹅动，红瓜绿波。四周另有亭阁青山相映，景色如画。可见乐在其中之人，能因景而为池取名，是一位十分追求生活情趣的人。

不系舟又叫"旱船"、"石舫"，实际是一艘三面临水、一面靠岸，停滞

* 不系舟

不动、无缆可系的石船,是园主人的书画舫。传说当年"吴中四才子"之一、书法家祝枝山特别喜爱竹子,闻听猗园有竹成林,风景优雅,专程从苏州赶到南翔踏访,与园主人在石舫内畅谈,欣然为石舫写下"不系舟"三字,笔势疏放流畅,气势雄浑灵动。唐代诗人白居易《适意》诗之一云:"岂无平生志,拘牵不自由。一朝归渭上,泛如不系舟。"官场多险恶,升贬无定数。猗园主人有心摆脱风波险恶的官场,求得心灵之舟可以安详宁静地停泊,对"不系舟"三字奉为至宝,精心制成匾额挂在书画舫内,从此石舫又称不系舟。

不系舟造型独特,楼上有楼、廊、亭、阁组合,精致典雅,舟廊开阔,凭栏可赏戏鹅池全景,低首可观水中游鱼,舟东部的阁楼,专为文人墨客聚会写字作画之用。

似乎无法想象，这么一条充满文气的石舫，竟会与名扬海外的"中国名点"南翔小笼包子有着割不断的牵连。干脆说，南翔小笼包子就诞生在不系舟上。这不是传说，是真实发生过的故事。

清同治十年（1871），已成为城隍庙灵苑的古猗园，酒楼茶馆十分红火，刚做馒头店老板的黄明贤，每天挑着自家店里的南翔大肉馒头到不系舟上叫卖。大肉馒头馅大味鲜，深得在舟上写字作画文人们的青睐，在古猗园内十分有名，一时引来镇上另几家老板竞相到古猗园叫卖大肉馒头，黄明贤的生意大受影响。为避开竞争，黄明贤采用"重馅薄皮，以大改小"的办法，精选面粉，擀成薄皮，一两面粉可做十只形如荸荠的小笼包，又以精肉为馅，用鸡汤煮肉皮取冻拌入，形成皮薄汁多、馅大、味鲜、形美的特点，成为独家出售的美味佳点，打响了"古猗园南翔小笼"的美名。后来同乡人邀黄明贤到上海城隍庙开南翔馒头店和西藏中路开古猗园馒头店，南翔小笼才走出竹林，进入市区，直到后来打入国际市场，名扬中外了。彼时彼刻，有几个人知道，它最初的源头是始于中国一座古典园林的石舫上呢！

一则传说，一则故事，一雅一俗，共同载体是一条旱船，怎么想都觉得有点意思。

徜徉在亭台楼阁间，还有许多美丽的传说和故事。白鹤亭关于"白鹤南翔"的典故，亭身上部五角高翘，好似孔雀开屏，顶端有一只振翅欲飞的白鹤向南飞去，那是南翔得名的传说见证。鸢飞鱼跃轩，老鹰在天上飞，鱼儿在水中游，喻世上万事万物各得其所。一位因家事不和想辞世的七旬老人路经此地，见水面游鱼云集，还不时跳出水面，似向他讨食。老人一时心软，投食于水中，鱼群越来越多，引得老人忘却了痛苦，喜笑颜开，懂得了生命的可贵。五老峰形似五位操琴弹唱的老人，他们原本是天宫中的仙人，为摆脱寂寞无聊，中秋之夜到人间赏月。月色如银，凉风习习,桂花飘香,阵阵虫鸣,人间妙境使他们操琴弹唱。他们决定脱离天宫,永留人间,最后变成五座石峰,留在了古猗园……

这些传说与故事,蕴含着丰富的文化内涵和人生哲理,品味把玩之间,在深思中获得某种启迪,也就势在必然了。

是历史的记忆但并不遥远

经过漫长悠远岁月的洗礼,如今的古猗园已不仅仅有"绿竹猗猗"和"曲水悠悠"的秀美景色,也不仅仅有从明清建筑中生发出的美丽传说,而是还有更值得人们尊重的历史记忆。

说是历史记忆,其实并不遥远。闭上眼睛,有些事仿佛发生在昨天一样。对"耻辱"的义愤,对"黑暗"的呐喊,对"压迫"的反抗,它们是曾经发生过的一件件真实事件,原发地并不都在古猗园,是好事之人将它们聚集在一起,使有着深厚历史和文化积淀的古猗园,越发散发出人文精神的光芒。

历史的记忆,为的是不忘历史。

缺角亭位于竹枝山山顶,那是全园中心位置的制高点。沿阶而上步入亭内,古猗园景色尽收眼底。中国古建筑,亭是一种,亭台楼阁,亭居首位。按其造型,有四角亭、六角亭、八角亭之分,翘角处有各种动物造型作为装饰。按其功用,建在高处用以观景望远,建在要津供游人憩息乘凉。亭名大多雅而有趣。偏偏独角亭与众不同。一座四角方亭,只有三角翘起,另一角缺失。缺角亭因实取名,寓寄了造亭者的良苦用心。

1931年"九一八"事变,日本军国主义进攻东三省,国民党军队不战而退,东三省即刻沦陷。消息传到嘉定,南翔各界人士义愤填膺,视东三省丢失为奇耻大辱。1933年4月初,60名南翔爱国志士发起倡议,集资在古猗园建亭,以志国耻。四角方亭建成后东北一角缺损,象征东三省的沦

陷；另三只翘角成高高举起的三只紧握的拳头，象征中华儿女坚持抗战、收复失地的决心。

崇尚民族气节，面对外来侵略不低头、不屈服，在嘉定有深厚传统。公元1645年，明亡清立，清军长驱南下，在扬州、嘉定和浙东遇到激烈抵抗。清顺治二年七月，清兵攻破嘉定城，三次进行灭绝人性的大屠杀，先后杀死抗清民众两万余人，史称"嘉定三屠"。虽说后来满、汉融合，大清朝成为中国的历史，但对异族入侵的反抗精神依然被继承下来。

站在竹枝山往上看，缺角亭飞翼凌空，色调柔和瑰美，红黄蓝白青紫黑，七彩俱全，建筑风格颇具特色。四根红漆大柱，顶起几何形拱顶，线条流畅、气韵生动，亭身更显玲珑华丽。"缺角亭"三字匾额为上海当代著名书法家胡问遂所书，笔力苍劲雄浑，与建亭的寓意相吻合。转眼间七十余个春秋翻过，当年的侵略者得到了与他们愿望相反的结局，中华民族任人宰割的时代一去不再复返。

历史的耻辱不能忘记。

今日的缺角亭像一座纪念碑矗立在竹枝山上，凡来古猗园游玩的人总不忘到亭前瞻仰。缺角亭以无声的英姿告诫人们，"缺角亭志耻，勿忘爱国"。啊，应该向当年倡议建缺角亭的60名南翔爱国志士，致以崇高的敬礼！

与缺角亭问世时间相距不远的是微音阁。缺角亭昭示国人不忘国耻，微音阁面对黑暗发出无声的"呐喊"。

微音阁从民国时期南翔地区知识分子组织微音社得名。微音社不满当时社会现实，出《微音》半月刊抨击时弊。抗战胜利，国民党不顾全国人民亟盼和平的愿望，公然发动内战，时值南翔各界人士呼吁捐款修复毁于侵略者炮火的古猗园，微音社决定在缺角亭东北方再建一阁，以示不仅要收复祖国河山，还应有所建树——反对国民党发动内战，为求索光明发出"微音"。

1947年，内战的炮火终于打响，微音阁也竣工建成。阁高10米，分上下两层。底层名滴水阁，错落典雅，由微音社募捐建成。阁内挂着《微音阁记》，记录微音阁的历史，由当年的"孤岛"作家、微音社成员陆象贤撰文写成。阁内、外的"微音阁"匾额，由曾任全国人大常委会副委员长的朱学范、胡厥文题写，两人一个是老一辈革命家，一个是著名的工商界人士。

反对黑暗，想往和平，追求光明，微音阁的"呐喊"并不"微音"，而是振聋发聩，声震寰宇。

两件往事，时间尚不过百年，以历史长河的眼光看，说它是像发生在昨天一样，并不为过。但发生在小松岗和南厅的"反抗"，相对而言，离现实稍远，有一种真正的历史感觉。

小松岗紧靠戏鹅池，四面环水，是人工用山石堆垒而成的小岛。岛内曲径小路四通八达，便于聚合也便于分散。正因为如此，清咸丰三年八月（1853年6月），上海小刀会起义，徐耀、周秀英一部在南翔一带活动，因原

来的联络据点鹤槎山暴露，转而以小松岗作为秘密聚会地点。为迷惑官府鹰犬，义军战士化装成文人雅士、商人绅士、和尚、尼姑进古猗园游览，频繁聚会小松岗，商量义举大事，利用小松岗隐蔽的特点，转运、埋藏枪支弹药。清咸丰五年正月（1855年2月），在清军和外国军队的联合镇压下，小刀会起义彻底失败。

小松岗见证了小刀会反抗清政府和殖民者统治的壮举，是后人凭吊小刀会先烈们的纪念地之一。然而，区区不过150年光阴，当第二个春天到来之时，有人已忘却了这段历史，对这段历史有了异样的解说。

唉，为民族大义计，别忘了小松岗吧！

南厅的反抗更应该纳入历史的范畴，那是奴仆对主人的反抗。

明万历四十六年（1618），社会矛盾日益加深，沉重的赋税负担，迫使大批农民倾家荡产，沦为佃农或富人的奴仆。入富户为奴须立卖身文契，子孙后代不能脱离奴籍。明朝末年，无法聊生的农民揭竿而起，嘉定一带爆发了奴仆索还卖身契约的斗争。发生在南厅的那场惊心动魄的反抗是其中一例。

当时，古猗园的第二任园主李宜之有事在南京，逃过了一劫。事发那天，奴仆齐聚南厅，要在家的主人和自己对换衣服，喝令主人斟酒下菜侍奉自己，历数主人的种种罪行，逼令主人拿出卖身契约，希望获得人身自由。李家主人严厉拒绝，奴仆们愤怒不已，杀死了李宜之的三个儿子，搜出卖身契约投入火中烧毁，然后投奔了起义军。

南厅在竹枝山西南脚下，依竹傍水，环境幽静清雅，是一座明代庭院，造型朴实精致，原是李宜之的书房兼卧室。古猗园镇园之宝唐代石经幢就在厅前。抗战中南厅被毁，胜利后重建。厅外围墙上镶嵌多幅浮雕，表现发生在南厅内那场激烈的奴仆索契斗争。

还有些历史的记忆，不再一一赘述。四件史实是那样的厚重，它们是古猗园的宝贵精神财富！

2009年，是建国后古猗园开园50周年纪念。《上海公园》杂志倪超英，撰写了一篇巡礼长文，结尾处有一段话写得特别动人，现引用如下，算作是本文的结尾。

岁月悠悠，古韵悠悠。古猗园开园五十春，默默耕耘的几代人，用他们的专业才能和奉献精神，给历史一个精彩的反馈，给现实一个光荣与骄傲，给城市留下了一代精致和完美。今天的古猗园，站在这片从明代延续至今的厚重宽大的沃土上，继往开来，一如既往地坚持传承和创新、保护和开拓，灿烂优雅而又庄重自豪地屹立于民族文化之林，撑起古典园林文化的天空。

（注：本节照片由古猗园提供）

第三节　名人园：醉白池

松江醉白池公园，醉白池是池名，又以池名作园名。一样是亭台楼阁，古木名石；也一样是诗中有画，画中有诗，但自明末第一任园主、杰出的书画家董其昌起，经三百余年流传积聚，内外八景，留下的多是文人泼墨觞咏、结社唱和的遗作（物）、轶事和美谈，故有文人园之称。

松江古称华亭，别称云间，唐时设华亭县，元初改称松江县，明清又改称松江府。今天上海的大部分地区，当时都归松江府管辖。换句话说，上海的前身就是松江府。

松江历史悠久，历来是文人荟萃之地，文化发达之邦，有传统的读书习惯。著名松江籍文学家陆机、陆云，在小昆山设立了读书台。到明代，读书之风更盛，人才辈出。"里里出秀才，五里出举人，十里出进士"，这一民间传言，形象、生动地反映了松江科考的成果。有史可查，松江地区历代考中进士的读书人高达521人之多。

读书蔚然成风，文人聚会活动频繁，促进了学术交流的活跃。著名的云间诗派、云间画派、云间书派成员常相约一起，交流创作心得，切磋诗画新作。从某种意义说，在明末清初之际形成的云间诗派、云间画派、云间书派的艺术主张及其成就，是早期上海本土文化的一个组成部分，也是19世纪中叶开始形成的海派文化源头之一。

文人相约聚会，自然要有地方，当一切公共活动场所远未问世之时，有诗情画意的私家园林便成为理想的落脚之地。经济发达和读书人多，明清时期的松江城，私家园林盛极一时，规模较大的不下数十座之多，然名声、影响均无法和醉白池相比。

醉白池第一任园主、云间画派领军人物董其昌，团结会聚了一批诗、

书、画方面的代表性人物，雅集在醉白池，泼墨觞咏，结社唱和，成一时之风尚。董其昌本人的大部分著作和书画精品也在醉白池创作完成。今天如果谁能藏有一幅甚至半幅他的书画作品，不说经济上价值不菲，光是在藏友面前也会感到无限风光。

时移事移，松江城内的私家园林大都湮没消失了，惟留下文人园醉白池独领风骚，其许多有关文人遗作（物）、轶事、美谈，不仅能饱人眼耳之福，怡情一娱，而且能促人深思，另有所获。

愤怒之火烧出了一座名园

很难想象，一座有着300余年历史的名园，竟源于农民点燃的一把愤怒之火。说白了，是报复之火催生了醉白池。借用今天的语言，那是真实发生的一件群体性反抗——反抗当权者横行不法，扰民欺民，而不是民间流传。

事件的主角是明万历年间的礼部尚书、书与画皆声名卓著的董其昌。按理，像他这样一位官声显赫，文才过人的人中之杰，处世为人，应是众人的楷模，可事实是，他偏偏官品、文品与人品相悖，时时惹出欺压普通百姓的事来。

董其昌家风不正，教子不严，他的第二个儿子董祖常，倚仗父亲是当朝一品大员，横行乡里，强抢民女，村民百姓敢怒而不敢言，怨恨之气积聚胸中，待时机成熟，集中喷发。一次，董祖常又无故侮辱殴打范姓秀才，终于激起公愤，村民怒而纵火，烧毁董其昌在松江南门里的住宅和在白龙潭的藏书楼。史称"民抄董宅"事件，震惊朝野。

旧宅烧毁了，董其昌被迫在城西另筑园居住。园中有池台亭榭，景色清幽，宅第宽阔，庭院雅秀，曰董园。经数年悉心经营打理，形成今日醉白池内园中大部分规模。

看来，应该感谢那一把农民的"愤怒之火"，没有这把火烧毁董家老宅，就不会有醉白池。

醉白池是池名，又以池名作园名。池仅900平方米，池名富于诗意，源于两则典故：其一，董其昌崇敬白居易，号思白。明崇祯元年（1628），董其昌画友王时敏题写园名，写下"醉白池"的匾额，此园名一语双关，意即思念白居易和董思白两位名人。其二，年代比较久远。宋代宰相韩琦文武双全，封为魏国公，他仰慕唐代诗人白居易风流闲逸、逍遥放任的性格，晚年仿效白居易，建屋醉白堂于池上，每日饮酒赋诗，求一醉为乐，苏东坡为他写了《醉白堂记》。清顺治年间，松江人、工部主事顾大申购得董园，顾因擅绘画，善诗文，同样仰慕白居易，于是效法韩琦，在池上筑堂，取名醉白池。

中国文人为人取名号，为厅堂楼阁制匾额，好引经据典，从前朝古人行事所为及诗歌词赋中获得启发，加以借用。醉白池作池名又作园名，皆属于这种情况。

以醉白池为中心的景观醉白清荷，是全园景点的精华，也是松江十二景之一。

醉白池夏有荷花，秋有明月，一碧涟涟，欢鱼跳跃。四周有亭台楼阁、曲院回廊，许多建筑都留有董其昌的墨宝与活动踪迹。

池东北面是四面厅，也叫拄颊山房，一座明代建筑的雕花厅，董其昌常在此吟诗作画，咏觞会友，挥笔为该厅写下屏条："堂敞四面，面池背石，轩豁爽恺，前有广庭，乔柯丛筱，映带左右"；写对联："临世濯足，希古振缨。"厅前有300余年古樟一棵，浓荫蔽日，生机勃勃。厅东偏南有一株一百多年的牡丹，传说是从董其昌亲手植于奉贤邬桥那棵有400年历史的牡丹上，分株移植过来，等于是董其昌亲手所种，十分珍贵。厅后有百年古藤盘绕，一派古朴之风。除此而外，池东为"花露含香、莲叶东南"亭廊，亭中有坐栏美人靠，供游人休憩时赏池中荷花；池南为镇园之宝邦彦画像廊；池西为半山半水半书窗亭榭，是观赏醉白清荷的绝佳之处。

醉白清荷移步景换，不仅为董其昌文友、画友所喜欢，常齐聚于此畅叙友情，纵论书画，也为后世文人游客倾倒不已，纷纷摘用古人诗词描绘不同季节与时辰的赏荷美景：初夏，"池上新荷初露脸，风姿婀娜不撒娇"；盛夏，"清池荷叶碧似水，映日荷花别样红"；深秋，"风荷老叶萧条绿，池角残花寂寞红"。若坐在半山半水半书窗上赏池中荷花，早晨看到的是——"叶上初阳映露珠，水面清圆风荷举"；傍晚看到的是——"荷叶罗裙一色裁，竟折团荷遮晚照"。雨天赏池中荷花，更是别有一番韵味——"风翻莲叶有碧浪，雨打团荷密鼓声"。这些意境优美的诗句，有些上句和下句并非出自同一首诗中，比喻借用是否准确，也值得商榷，但不可否认的是，它们真实反映了文人游客的心情与心境。

醉白清荷之美，如人间仙境。

* 醉白清荷
* 半山半水半书窗

董其昌开创醉白池文人会聚之风,后世园主顾大申、顾思照一脉相承,诗人墨客继续在园中结社唱和。明嘉靖二年(1797),醉白池成为松江善堂公产,仍不断修缮原有景观,增添新的楼堂建筑。再后来,原在松江别处的文人住宅楼、读书堂也陆续搬入,醉白池文人之风之气,愈益浓烈。

看一看外园的雕花厅吧,那是一座由文人的思想与匠人的技艺结合而成的浮雕艺术的宝库。

雕花厅是明代大书法家张弼后裔的住宅楼,原建于松江西塔弄,是上海地区雕花最精致的厅堂,比苏州东山雕花楼时间早一百余年,也是一座不可多得的古建筑。

雕花厅为三进二厅四厢房,前厅雕百花,窗棂、门楣、梁枋上雕着各种

* 雕花厅

各样开放的花，神韵毕肖，无一重复，似真花在眼前一样。厅中有匾额，上书："百花齐放"；厅柱有对联："有情芍药含春泪，无力蔷薇卧晓枝"。意思是花的情态、体态被雕活了。后厅雕人物，包括楔房在内，门窗与门楣上雕着一整套三国人物故事，从桃园三结义到三国归晋，一应人物一个不少。其刀法之纯熟，形象之生动，文官谦恭，武官威武，老翁飘逸，仕女娉婷，以及花树的千姿百态，山水的重重**叠叠**，背景的远近错落，如鬼斧神工一般。"厅窗雕像，厢窗雕像，雕成整套三国像；门楣镂花，梁枋镂花，镂出千姿百态花。"雕花厅前厅挂着的一副楹联，概括了雕花厅的内容和艺术特点。

如此一座有着中国历史文化厚重感的古典园林，抗战中惨遭蹂躏，侵沪日军在园内设立"慰安所"，大小厅堂被改成日本样式，让刽子手发泄兽欲，这不仅是对文化的亵渎，更是对人类文明的犯罪！抗战胜利，园内又进驻国民党警察部队，文人之园成了"武人"的天下，可悲可叹。

新中国成立，醉白池重获新生。1958年改名松江人民公园对外开放，随后几次投巨资维修扩建，1979年恢复醉白池原名。

邦彦画像留下先贤丰采

几乎是一个常识，凡博物馆、图书馆都有镇馆之室，那是一个馆的荣耀，也是衡量它在同业中地位、价值的重要标志。比如上海博物馆，青铜器收藏量大面广，其他博物馆无一可及。体态硕大的大克鼎独一无二，是镇馆之宝，凡研究青铜器的专家学者必须前去慢察细品，一睹其尊容；否则学问虽然可以照做，论文也可照写，心中总不免忐忑，有隔靴搔痒之感。

那么，园林呢？

园林也有镇园之宝，尤其是古典园林，历史悠久，底蕴深厚，镇园之宝必不可少。豫园镇园之宝是玉玲珑，古猗园镇园之宝是唐代经幢，醉白池

* 邦颜画像：宰相徐阶

* 邦彦画像廊

镇园之宝则是邦彦画像，一组有关松江先贤的画像石刻。

落笔写到这里，忽然想到早几年流行的一种做法，当下依然兴盛不衰。那就是，一些地方总是想尽办法搜集本籍名人名录，从故去的到活着的，从大小政要到著名作家、演员、导演、画家、学者、教授，包括不成为家的社会名流，知名度越高越好，且一个不能遗漏。故去的，建立专门纪念馆；活着的，要有联络方式。为此，还闹出过一些笑话。为某个历史名人的诞生地，某一重大历史事件的发生地，几个地方出面争抢，彼此引经据典，言词凿凿，互不相让，激烈者还分别召开新闻发布会，官司打到媒体上。能不忘家乡的大小名人，以他们的成功鞭策后人，不管怎么说，都是件好事。但种种过分而出格的做法，不免太功利。事实上，越是经济欠发达的地方越热衷此道。为了打鬼借助钟馗，效果终究有限，经济发展自有它自身的行事方式。

在这点上，邦彦画像心无旁骛，所有的是对故乡先贤的无限敬仰。

画像全称叫《云间邦彦画像》，30块石刻一样大小，每块宽67厘米，高29厘米，嵌列在醉白池南隅走廊的墙上。"邦彦"语出《诗经》"邦之彦兮"之句，"邦"是家乡；"彦"是俊彦，泛指杰出的人物。"云间"是松江的别称。邦彦画像即为家乡贤人画像。

30块石刻，刻着明代松江府91位杰出的代表性人物，比较著名的有书画家董其昌、陈继儒，两人都是云间画派的主将；有松江诗派领袖陈子龙；有明末抗清英雄夏允彝、夏完淳父子，他们可歌可泣的事迹，被郭沫若写进了历史话剧《南冠草》；还有宰相徐阶，礼部尚书陆树声、孙承恩，刑部尚书张鎣，工部尚书潘恩等，他们大都是诗书画文人，经科考求得功名，入了仕途，是当时的时代骄子。

然而，画像所选人物虽不拘一格，却又讲究"政治"标准。

91人中，有十三人非科举出身，皆无功名，因一技之长，被选入画像之列，留传后世，供人瞻仰。在以科举取人的封建社会，能以真才实学作衡量贤才的尺度，颇具超前意识。但出人意料的是，明代著名科学家、农学家徐光启缺席邦彦画像，多少让人感到有点遗憾。

徐光启生在上海县城太卿坊，隶属松江府。他科考进士出身，官至礼部尚书，著有《农政全书》，译作《几何原本》，在农学、天文、历法和数学等学科上都有杰出贡献，无论功名还是贡献，都堪称"邦彦"，却不能入选画像。原因是徐光启信奉天主教，向国人介绍西洋科学，被视为"异端"。"政治"上不够标准，被排斥在画像之外，自然不足为怪了。这是时代局限所造成的必然结果。

细观画像，每幅都用白色线条勾勒，以墨色做底，兼有工笔之美，人物形象神采飞扬，连须眉鬓发也历历在目，极富立体感，实为中国画像线条艺术的瑰宝。有关人物小传，每幅画像都附有扼要说明。如诗人陆树声，其说明为："陆公树声，字舆吉，嘉靖二十年会试第一成进士，官至礼部尚书，乞休归，年九十七，卒谥文定。"图像加文字，刻石上的先贤变得那样真切，让人崇敬也让人感动。

1982年5月，全国人大常委会副委员长胡厥文到松江视察，特地到醉白池观赏《云间邦彦画像》，并挥笔题词："文化之邦，人才辈出，存旧务新，为四化奋力，厚望无穷。"

至此，应该感谢画像的作者徐璋，因为他的努力付出，才留下了松江先贤们的丰采。后人看徐璋，他也是松江的一位先贤。徐璋，清代乾隆年间松江人，清初著名画像家沈韶的高足，曾被荐入皇家画苑当画师，以首创生纸画像著称于世。怀着对家乡先贤们的敬仰之情，徐璋遍访各先贤后人收藏的明代影照，绘下110人的画像，视为平生最得意之作，装裱成册，取名《云间邦彦画像》，珍爱无比，舟车所至，随身携带，不离左右。

一次，徐璋乘船渡江不慎落水，人被救起，画像册失落江中，他懊恨惋惜不已。幸得一渔民张网捞起归还，转而欣喜万分。遭水浸泡后，有些画像模糊不清了，由徐璋之子徐镐补绘续成，世称"徐本"。此后，画像几番风雨坎坷，在不同所有者之间流转，遭贼窃取，散落遗失近10幅，无法找回，成为千古憾事。

光绪十六年（1890），松江有识之士有感画像荟萃了松江一代名人，艺术价值极高，是乡土的重要文献，决定刻石，永远瞻仰，遂请金石高手精工雕刻，费时一年有余，刻石30块，共91人，嵌砌在松江府学明伦堂壁上。1937年"八一三"事变，明伦堂遭日军飞机轰炸，似有先贤之灵保佑，石刻画像未遭厄运。1941年转移到醉白池，嵌在池南廊壁间。徐璋的《云间邦彦画像》（经儿子补绘后的"徐本"），落户南京博物院，成永久收藏文物。

三百多年来，为邦彦画像写序、跋、记的不下十余人，以光绪十七年（1891）姚光发写的《邦彦诗咏》评价最为衷肯："先朝耆旧见须眉，独仗徐熙笔一枝；百五十年镌石墨，千秋追媲武梁祠。"姚光发认为，邦彦画像可与著名的武梁祠画像相媲美。

一部《云间邦彦画像》，从创作问世到最终被收藏，再从纸质到石刻，几多真实故事，跌宕起伏，更见其有多么珍贵了。

与邦彦画像相距不远，宝城楼南碑廊上的赵孟頫手书苏东坡《前后赤壁赋》碑，池南圆洞内的仓房碑刻，也是醉白池的镇园之宝。前者双面石刻，是赵孟頫书体风格的代表作，字字姿媚圆活，遒劲飘逸，与苏东坡妙文相得益彰。后者有方孝儒手书"正心诚意"碑，董其昌写的"韩范先声"碑等，均为名家大家之作，有极高的观赏价值。

有这些石刻、碑刻加盟，醉白池的文气更加浓厚斐然了。

雪海堂：孙中山的演说

雪海堂，醉白池外园八景第一景，建于清宣统元年（1909），因广植梅花,开时似一片雪海,取名雪海堂。该堂马头墙高翘,门楣开阔,廊柱高耸,左右两个天井,砖雕仪门独具风韵,形象古朴雅致,为松江古典厅堂中的代表性建筑。原堂匾由松江书法家封文权所题,毁于战乱。现匾由同是松江人的当代著名收藏家朱孔阳先生题写。92岁老人,纸上功力不减当年,"雪海堂"三字,圆润苍劲,与古色古香的建筑堪称珠联璧合。

雪海堂的百年历史,最值得纪念的是孙中山先生曾在这里做过重要演讲,堂中挂有一副对联:"孙文总统演讲革命余音绕梁永世,雪海一堂会见松人殊荣传誉千秋。"配合对联,陈列了孙中山先生视察松江活动情况的图片及文字说明,再现了当年的真实场景。

当雪海堂破土动工时,刚坐上龙椅的清朝末代皇帝宣统的帝位,已在反对帝制、提倡共和的暴风雨中飘摇。领导这场革命狂飙的主力是孙中山先生创建的同盟会。面对汹涌澎湃的时代潮流,松江同盟会把刚落成的雪海堂作为重要活动场所,在堂内号召社会集资捐款,资助慈善事业;组织聚会演讲,宣传革命精神。

1911年10月10日武昌起义胜利,上海革命党人积极响应。11月3日,上海各界千人集会,宣布反清独立,松江同盟会成员钮永建带领松江学生军,加入由陈其美指挥的革命军,一起攻打江南制造局。上海光复,沪军都督府成立,陈其美任沪军都督。

1911年12月31日,陈其美奉孙中山先生令,通告自1912年1月1日起,为民国元年第一日,农历一律改用公历。1912年1月1日,也即民国元年元月的第一日,孙中山先生从上海赴南京,宣誓就任中华民国首任临时大总统,松江军政分府派一支学生军,护送孙中山先生安全抵达南京。为辛亥革命,松江同盟会立下了不朽功勋。

孙中山先生是个懂得感恩的人。

鉴于松江同盟会为革命作出的贡献,又闻听由松江同盟会领导倡办的清华女校对革命起了很大作用，孙中山先生决定赴松江考察，会见同盟会的革命同志。

1912年12月26日下午三时，孙中山先生由陈其美等人陪同，乘坐"靖安号"兵轮，经米市渡到大涨泾码头，上岸骑马，当晚下榻陈公祠。"……松江水陆军队、境内外商团均荷枪实弹在南门大涨泾口排队迎迓，及小轮抵埠，燃放礼炮二十一门，先生旋偕随员登岸与欢迎诸人一一通殷勤毕，即乘马走竹竿汇过西门大街迤进入陈公祠暂憩……"第二天，上海《申报》详细报道了孙中山先生到达松江的热烈场面。

第一次亲临江南富庶之地，那天，孙中山先生的心情特别好，陈公祠条件简陋，同行之人欲为他更换住处，他打趣说，不必这样了，今晚让我们陪陈公一宿，也是人生一大幸事。陈公即陈其美，辛亥革命有功之人，很受孙中山先生推崇。

第二天上午，松江城雪花飞舞。孙中山先生冒雪踏进雪海堂，会见松江同盟会全体成员，发表重要演讲：现在革命尚未成功，同志仍须努力，帝制虽然被推翻，但是建设任务十分艰苦，百废待举，非常艰辛；教育为救国之重要途径，各界必须配合政府办好教育，要从幼稚园抓起，培养建设人才；松江为沪上的主要城邑，各界为辛亥一役竭尽努力。上述文字并不是孙中山先生演讲的原文，而是听讲之人后来概括整理的要点。身为中华民国临时大总统，革命刚刚取得成功，他就告诫党内同仁，"革命尚未成功，同志仍须努力"。12年后他不幸患不治之症，辞别人世前，留下的遗言也是"革命尚未成功，同志仍须努力"，十余年来一以贯之，足见他是一位坚定的民主革命者。

演讲结束，孙中山先生与听讲的松江同盟会会员和各界民众代表在雪海堂前留影纪念，参观了由松江同盟会资助、设在醉白池的育婴堂，并到清华女校发表演讲。这次演讲有文字记录，现摘抄如下：

民国未成立时，贵校对革命事业极为关心。因松部党员，常籍贵校为交通机关，兄弟今日到此，躬逢盛会，且见贵校今日发达情形，心甚喜悦。此次革命，女界亦与有功。现在破坏方终，建设伊始，诸君当思腐败之政府既由吾辈推翻，建设之事当由吾辈担任。此后男女界均应协力同心，以全副精神，组成一伟大之中华民国。此次革命之初心，亦贵校诸同志之所同情也。以世界大势论，地球上只有五六强国，比较人口，我中华民国占最多数，所缺者教育耳。今年在建设之初，吾辈亟当致力于社会，多办学校，贵校于女子教育既有此基础，务望办事推广，成松江女学之模范，中国女学之模范，则兄弟有厚望焉。

　　这次演讲，意真情切，直达听讲者心扉。靠教育富国、强国的思想主张，对今天的中国也完全适用。一代伟人，孙中山先生当之无愧！

　　革命初成，政务繁忙。当天下午一时，孙中山先生就返回南京。这次视察给松江留下了深远影响。时间未几，共产党人恽代英、侯绍裘也到雪海堂作重要演讲。

　　1972年，醉白池进行园艺改造，雪海堂前挖地造池，池中设喷泉，置玲珑立石，辟空地为花苑，将原在明代宰相徐阶原配一品夫人沈氏墓前一对高约两米的石狮子移至厅前。如此，连同堂后二百余岁的桂花树，以及众多梅树，逢开花时节，芳池清浅，暗香飘浮，佳境幽绝，醉人迷人。有性情中人诗情大发，留下了"竹树漏光藏曲径，亭台倒影落芳池"的咏境佳句。然今日的游人踏雪海堂，除欣赏美景外，更不忘在堂中追忆往昔的那一段历史。

　　雪海堂，展现松江近代史的一个重要窗口。

凌霄廉石引出的故事

　　文人之园，总有说不完的文人故事。

醉白池外园二景乐天轩,轩名取自唐朝诗人白居易的字"乐天"。轩内幽篁掩映,松林碧翠,怪石嶙峋,有银杏参天,也有板桥流水,一派村野之趣。轩内东侧立着一块宝剑状的凌霄石。该石石色华美,高约3米,略呈不规则椭圆形,修长匀称,十分美观。从远处看,像一柄宝剑倒插在地。有游人漫步于此,导游总不忘介绍该石的来历——张弼为官清正廉洁的故事,游人听后唏嘘不已。

张弼,号东海,华亭人。明代著名书法家。他取法张旭、怀素,常常酒酣兴发,顷刻数十纸,疾如风雨,矫如龙蛇,欹如堕石,瘦如枯藤。明史称赞他:"自幻颖拔,善诗文,工草书,怪为跌宕,震撼一世。张东海之名,流播外裔。"

古来文人做官,凡刚正者,一重名节,二讲清廉。张弼由进士入仕,官至兵部员外郎。在朝为官,他不满官场流弊,作诗《假髻篇》,辛辣地讽刺时事和时贵,遭到当权者忌恨,被排挤出京城,到江西南安任知府。南安地处赣粤相接的南岭脚下,亡命者聚山为盗,祸害四周百姓,久除不绝。

张弼到任后,施政的第一招就是为民除害,肃清匪患,保一方平安。然后筑路、架桥、助农、扶商,再建社学、创书院、祀先贤、修郡志,借用今天的话说,是规划交通,发展经济,重视教育,整顿民风,结果政绩斐然,深得老百姓拥护。

张弼不仅官风清正,而且家风节俭,不事奢靡。有一年儿子要去京城参加会试,他赠诗相送,告诫儿子:"传家保世惟清俭,富贵休忘着布衣。"意思是说,要保持一个家族的延续相传,靠的是清廉节俭;即使哪一天发达富贵了,也不能丢掉平民的本色。没当官前,张弼家住松江城西草荡村,当官后,家人在城内陶行桥买下新居,张弼获知常皱眉道:"误子孙者此房也!"果然他的孙儿辈,都难以继承父业。

在南安任知府多年,终于该离任回家了。张弼和儿子来到南岭山脚

* 凌霄石，是长是圆，众说不一

下，找到一块奇怪的青石，抬回家中，取名凌霄石，又写下"无生台"三字和七言一绝，请地方有名的石匠凿刻在石上。家人不知此石派何用，张弼看着凌霄石高兴地说："为官十载无家财，青石压船抗风浪。"石匠听了为之动容，将张弼廉洁清风回故里的消息私下传播。出行当日，南安乡亲扶老携幼争相送别。船夫解缆扬帆，上千百姓在岸边跪地相送，齐祝：张大人一路顺风！

张弼告老返乡，松江府官员、至亲好友、街坊邻居纷纷到官船靠岸处躬迎。人们在岸上远眺张弼坐船缓缓驶来，船身下浮很深，以为他在外当了十年知府，定是满载而归。等到后来船靠岸，亲眼目睹从船上抬出一块大青石，众人先是惊奇不解，待得知真情，转而万分崇敬。

张弼为大青石取名"凌霄"，意指当官者应有凌霄之志，为民服务，而不是为自己敛财。后来，人们称此石为"张弼南安廉石"，一直由张弼子孙当传家宝收藏，代代相传。

1931年，张弼后人将凌霄廉石献给醉百池。事隔400多年，张弼后人为什么在此时献出凌霄廉石，并且献给醉白池。有人说，因为战乱，原张弼的私园庆云山庄被毁，后人再无力收藏此石，决定献给醉白池，让先祖的事迹得以流传。也有人说，孙中山先生民国元年在雪海堂演讲，呼吁"革命尚未成功，同志仍须努力"，但20年后，国民党为一党之私，争权夺利，走向腐败，张弼后人献出廉石，并且是献给醉白池，意在与20年前孙中山先生的演讲相呼应，警示世人勿忘先生的教诲。两种说法，哪一种更接近真相，实难以评判。不过，这已无关紧要，重要的是廉石终于从家传私藏变成供公众观赏，它所隐含的真实故事，带给人们的启迪，在今天更有着特别的意义。一个封建时代的朝廷命官，尚能一身正气，自甘清廉，不忘为民，那么，一个新时代的公仆，理应为官一任，造福一方，全心全意为人民服务！

此外，还有一种说法，凌霄廉石不是剑形而是圆形的。乐天轩东侧绿竹丛中，确有两块青石相邻为伴，一长一圆。由于年代久远，史料记载的廉石上刻有"无生台"三字和一首七绝，在长形和圆形的青石上都剥蚀难认，加上80年前献石的张弼后人，醉白池接受捐献的有关人员，也已不在人世，一切无从查考。凌霄廉石到底是长形还是圆形的，同样无关紧要，重要的是它已安放在醉白池，醉白池因此又多了一个文人的故事。

　　（注：本节照片由醉白池公园提供）

第二章

租界问世与侨民花园

有了租界，外国侨民纷纷涌入，人数逐年增多……

继电影、跳舞、咖啡、摄影、遛马、打猎、划船之后，为点缀城市景观和满足外国侨民休闲娱乐，西式园林——侨民公园也在上海问世。

1839年3月，林则徐奉道光皇帝旨意赴广东禁绝鸦片。3月10日，林则徐到达广州，七天后发布文告，责令在广州的外商（主要是英商）将鸦片"尽数缴官"，经"点验收明毁化，以绝共害"。

1840年6月3日，林则徐在虎门海滩焚烧外商上缴的鸦片，总计20 291箱鸦片，从3日烧到15日。虎门海滩人山人海，大家拍手称快，中国人从来没像这样挺直了腰杆，扬眉吐气！

但是，虎门销烟振动了西方世界。

消息传到英国伦敦，外交大臣巴麦尊撕下外交礼仪的伪装，赤裸裸地说，对待中国的唯一办法就是"先揍它一顿，然后再作解释"。中国政府维护自己的主权，西方世界却看作是大逆不道。

英国政府找到了侵略中国的理由。

1840年6月28日，英国政府派出远征军封锁珠江，揭开了第一次鸦片战争的序幕。这是一场两种不同政治、经济体制与近代工业水平较量的战争，是资本主义与封建主义的一场角逐，胜负者的角色，从第一声炮声响起就已经决定了。

两年又一个月后，自封"天朝"的清政府战败，钦差大臣伊里布登上泊于南京江面的英国海军旗舰"康华丽"号，签下了中国近代史上第一个不平等条约《南京条约》。

历史记住了这个日子：1942年8月29日。

除了赔钱，《南京条约》规定中国开放五个通商口岸，上海是其中之一。上海作为通商口岸，揭开了上海近代史屈辱的一页，影响了此后一个多世纪上海的命运。令人意想不到的是，宣布上海开埠的不是清政府的上海县衙门，而是一个英国海军大佐。

1843年11月8日，英国首任上海领事巴富尔乘船抵达上海，这一年他34岁。巴富尔原是一个军人，在英国驻印度炮兵部队任大佐。踏上上海这片陌生的土地,他没有受到预想中的隆重欢迎,连他的领事官邸也是由他自己出面,租用了上海县城一位姚姓商人的大房子,算是有了临时的栖身之地。

1843年11月17日,巴富尔以大英帝国领事名义发布文告,宣布上海正式对外开放为商埠。从这一天起到三年后离任回国,巴富尔全心经营的事业是在上海建立"租界"。在中国人眼中,他是贪婪的殖民统治者的马前卒;在西方人眼中,他是一位功臣和英雄。

租界,国中之国,西方世界镶嵌在东方世界的一块乐土。1845年11月,大至在现外滩一带830亩面积的土地,被辟为英国租界,那是上海第一块租界。紧接着,法国租界、美国租界相继问世。有了租界,外国侨民纷纷涌入,人数逐年增多。上海蔚蓝的天空飘起了英国、法国和美国国旗,又飘起了德、俄、日、荷、葡等国的国旗,五彩缤纷,煞是热闹。

于是,五方杂处,华洋杂居,上海第一次跨进了快速发展的跑道。时间不长,淮海路、南京路日益繁华,外滩的摩天大厦拔地而起。随着物质文明的输入,西方的精神文明和生活方式也涌入上海。继电影、跳舞、咖啡、摄影、遛马、打猎、划船之后,为点缀城市景观和满足外国侨民休闲娱乐,西式园林——侨民公园也在上海问世。从1868年最早的公共花园(今黄浦公园)到1927年上海建市,租界内先后建造侨民公园14座。一方面这些公园以种种借口禁止中国人入园,激起了上海人民的义愤,奋起抗争达半个多世纪之久;另一方面,西方公共园林概念及其做法的引入,又促使上海园林建设进入了一个新的发展阶段。

从此,上海的私家园林陆续向公众开放;新建的兼有中西风格的私有园林也以营利为目的,成了公众休闲娱乐的场所;上海地方政府相继辟建市立园林场风景园、市立动物园、市立植物园、市立第一公园等一批公共花园;当时的崇明、上海、金山、嘉定等县,也都改建和新建了一批规模不等的新式园林。

上海开埠，西风东渐。东西方文化相融交汇，催生了海派文化。从园林发展角度看，诞生在上海这片土地上的侨民公园，也深深打上了"海派"的烙印。

第一节　观江胜境：黄浦公园

上海最早的城市花园，典型的英式风格，始称公共花园、公家花园或公花园，中国人习惯称外国花园、外摆渡公园或外滩公园，抗战胜利后改名黄浦公园。中国第一座开放的城市公园，比世界上最早出现的近代城市公园——纽约中央公园仅晚7年。因地处苏州河和黄浦江汇合处，曾是观赏黄浦江江景的最佳胜境。

站在公园内上海市人民英雄纪念塔下抬头仰望，三根上耸交顶的枪式立柱，线条挺拔，气势壮观，心中不由浮起一股深深的敬意。在上海发源地的外滩，在上海两条母亲河的汇合处，立塔纪念为上海新生而牺牲的革命先烈，是最为理想的选择。

放下高仰的头沿黄浦江面巡视，西面是被称之为万国建筑博览群的一幢幢年代久远的老楼，北面、东面、南面是一幢幢充满现代感的高层新贵，江中的巨轮一艘接着一艘，远眺的视线不断被阻断，怎么也找不到昔日观赏黄浦江最佳胜境的感觉。闭目试想，一边是风格迥异的高楼大厦，另一边是田野乡村，江中飘摇着小舢板，天高云淡，视野开阔，该是怎样一种享受？可一切全变了，就连公园内也不见了典型英式风格的踪影。这不是责怪埋怨，也无须责怪埋怨。

时代在发展进步,变化是必然的。

　　眼下整个外滩地区正在进行改造,用不了多少时日,这一历史文化风貌区将会以新的神韵展现在人们面前,黄浦公园是其中的一部分。

　　尽管如此,当人们在追忆上海园林的发展脚步,描绘海派园林的情景时,不能不重提当年黄浦公园的繁华、影响,以及它因歧视华人而引发的抗争。

从江中浅滩到观江胜境

　　有一种说法,外滩就是上海最外面的滩,到了上海就是到了上海的边上。

　　这说法没错。

　　开埠以前,上海的中心是城隍庙附近。那一带,现在被称之为老城厢,是上海沧桑兴衰的缩影,也是近代上海的发源地,是上海的"根"。那时的外滩,只是一条由船夫和苦工用脚踩出的约三里长的沿黄浦江的弧状纤道。但时间不长,到20世纪的20至30年代,外滩的面貌已是一派繁华景象。那条长约三公里的弧状纤道,奇迹般地崛起了一组风格各异又格调统一的欧式建筑群,它们是洋行、银行、俱乐部和夜总会……一位外国作家形容当时外滩的高贵、富有和漂亮,用了如下的比喻:"外滩犹如少妇华贵裙裾上的花边","也好像挂在贵妇人脖颈上的一串珍珠项链……"那"花边"和"项链"上,包括黄浦公园。

不过,19世纪60年代的外滩远没有这样迷人,不远处的延安东路仍是一条名叫洋泾浜的河。有些洋行、银行已建成营业,有些正在建造之中,繁华前景指日可待。正因如此,各国侨民日益增多,他们迫切需要有休闲娱乐的去处。

1862年,租界外国人体育运动基金会提出动议,在苏州河、黄浦江交汇处那块浅滩上建一个公园,基金会可出银一万两。有设想又有资金,在浅滩上建公园应该没有问题,可实际上那钱和地都不属于租界。

一万两银子,是基金会卖掉现南京东路、河南路口的第一跑马场和西藏路、浙江路附近的第二跑马场的收入。两处跑马场卖掉不久,基金会在现人民公园和人民广场的地方,办起了第三个跑马场。跑马场的土地是中国的,因为被圈了租界,才归租界所有。所以,说到底那一万两银子还是中国的。至于浅滩,并不在租界范围之内,它是由苏州河、黄浦江中的泥沙堆积形成的"涨滩",主权归中国所有,性质上是一块"官地"。

1865年4月,租界工部局召开租界纳税人年会,通过了由工部局工程师英国人克拉克提出的方案,结合外滩改造、疏浚洋泾浜,在浅滩上填土,辟建公共花园。时隔不久,三项工程同时开工。

外滩改建、疏浚洋泾浜是租界内部的事,无须请示清政府上海道台。但浅滩是"官地",将其改建成公园,必须得到上海地方政府的批准。对此,英国领事馆自作主张,用疏浚洋泾浜挖出的泥土,雇用中国挑夫挑运,

* 苏州河、黄浦江交汇处的浅滩

* 早期的黄浦公园

填高浅滩建公园。面对英国当局大张旗鼓搞建园工程，清政府上海道台装聋作哑，不加过问。

1868年6月，离公园建成开放只剩一个月时间，为了拿到浅滩的地契和免征土地税，英国领事才致信上海道台。

上海道台收到信后做起了官样文章，回复的批文翻成今天的用语，大意是：外商将租用的土地建造房屋，应该发给地契，每年应交纳适当的地租。这块土地虽由外国人出资填土加高，主权仍归中国所有，有权收取地租。此地位于领事馆门前，平整的目的是辟为娱乐场地，其中仅建一凉亭，没有其他为谋利而建造的建筑，因此每年的地租可以酌免。不允许外国商人在这块土地上以谋利为目的建造任何房屋，如果违反上述规定，土地立即收回，注销土地证明。

有此批复，英国人如愿拿到了地契，获得了免缴土地税的优惠。

殖民者的狡猾，上海道台的颟顸，两相比较，形成明显对照。

浅滩建成的公园，主要以观赏黄浦江景色为主，英文名称为Public Park，中文名字叫公共花园、公家花园或公花园，中国人习惯叫外国花园、外摆渡公园或外滩公园。不像中国古典园林，景观建筑要占去大半面积。公共花园依英国自然风景园风格设计，园内除树木花草外，仅一间小温室和一间门房，再无其他建筑。一块大草坪，用林带分隔成南北两片，中部、西部和南部种有花坛和灌木丛，沿江是一条大道，道边种一排悬铃木，树下置放长椅。在风和日丽、天高云淡的日子里，坐在树下的长椅上，观赏苏州河，小舢板在河中川流不息，一片忙碌景象；观赏黄浦江，视野开阔，江中飘着帆船，半空中海鸥飞翔；江对面一览无余，目光所及尽是农舍田园……这里，确是观赏黄浦江江景的绝佳胜境。

两年后，园中景观陆续增加。

先是在大草坪中部造了一座木结构音乐亭，定期举办音乐会。除寒

* 公园内的滨江大道

改建后的钢结构音乐亭 *

冷的冬天，每周至少演奏一场，夏季每周演出三至四场，听众少则千人以上，多时高达四五千人。据记载，1889年一年演出了124场。音乐会成了公园的一大特色，演出乐队由最初的英国海军乐队换成工部局交响乐团。为了提高演奏水平，木结构音乐亭后来换成了专从英国订购的六角形钢结构音乐亭，亭的基座用石头砌成，四周围以铁链，另安装了八盏照明的煤气灯。当时上海供电没有普及，夜晚照明多用煤气灯，直到1922年，煤气灯才换成了电灯。

改建后的音乐亭音响效果很好，全园都可以清晰地听到美妙的音乐。可惜这一状况并没有维持多久，因外滩一带车流不断增多，黄浦江上轮船日益繁忙，喇叭声、汽笛声干扰很大，加上后起的兆丰公园演出条件优越，听众慢慢转移了过去。

1892年是上海开埠50周年，殖民当局决定大操大办，在他们心中，那是他们的"节日"。英国租界尤其高兴。上海开埠是英国人宣布的，划定

＊ 公园中的喷水池

的第一块租界是英租界,双重领先,他们脸上感到特别有光。

日本天皇将三只铜鹤作为贺礼送给英租界当局,感谢英国人敢于出头,为列强争得了利益。收到三只铜鹤,英租界当局将它们安放在公共花园,算是增加一个新的景观。与此同时,他们又在公园西北部建了一个圆形喷水池,作为开埠50年的纪念物。环池装置了灯光,配合管弦乐团的演奏,用灯光照射喷出的水柱闪闪发光。一位名叫伍德的外国侨民捐资在园内南部建了一个喷水池,池中有一雕塑,两个孩童合撑一把伞,水从山顶流下,身后是一座假山。

在他人的国土上庆祝"占领"的胜利,把它当作自己的"节日",那是典型的殖民意识的大暴露。三只铜鹤和一座喷水池的纪念,有着浓厚的殖民色彩。

再后来,公园新增加的景观,赤裸裸的殖民色彩更加不加掩饰。1905年,原建在外滩的"常胜军纪念碑"和"马嘉理纪念碑"被移入园内。前者纪念的是"常胜军"头目、英国人华尔,他帮助清政府镇压太平天国起义,在浙江慈溪被太平军击毙,清政府为其立碑,取媚洋人。后者是入侵中国的探路人。1875年2月,马嘉理带领武装"探路队"从缅甸潜入云南,不听劝阻,被当地武装开枪打死。英国政府以此为借口,强迫清政府签订《烟台条约》。在上海的英国侨民为马嘉理竖立了高37英尺的哥德式花岗石碑。

不断增加的公园设施,使原本为侨民休闲娱乐的英国式自然风景园慢慢异化,殖民意识强奸了园林。公共花园在中国人的心目中面目丑陋,为维护中国人的尊严和权利,进行了长达60年的抗争。

歧视:竟将华人与犬并提

公共花园建成,租界局当局把它交给一个由外国绅士组成的"公园管理委员会"管理。从开放的第一天起,公共花园就不许华人入内。这一规定当时没有见诸于文字,也没有在公园门口挂什么牌子,它可能仅仅是公园管理委员会开会讨论形成的一个口头决议——不得卖票给华人,公园售票处负责执行。究竟是何种情况,已无从查考。

这是一个地地道道的荒谬决定。

公园建在中国土地上,资金从中国人和外国人身上募集,挑土垫高浅滩的也是中国人,名字又叫公共花园,它理应让大家共同享受,不分什么中国人和外国人。面对殖民者的歧视,奋起抗争势在必行。

媒体率先发出了抗议之声。

1878年6月2日,《申报》发表《请驰园禁》,对此事进行评论:

> 香港办有公有花园,饰置极佳,向例不准华人出入。自港督易任后,以此事殊属不公,遂裁去此令,中西人互游于园。上海与香港同一律,驰于彼而禁于上,抑独何欤? 该花园创建时,皆动用工部局所捐中西人之银,今乃禁华人而不令一游,窃原工部局三思。

说是抗议,态度是温和的,也是充分说理的。大概因为是中国人办的报纸,租界当局视而不见,照旧我行我素。

接着,1881年4月6日,上海虹口医院医师颜永京、唐茂枝等人联名写信给英租界工部局秘书长韬朋,对不准中国人入园的规定提出了驳斥。信因为是写给个人的,出于起码的礼貌,半个月后工部局出面给了回复:"这个公园的面积有限,因此只能给衣冠整洁的上等华人以入园的权利,有时上等华人被阻园外,乃由于巡捕的误会"。回复一方面推托狡辩,把华人分为"上等华人"、"下等华人",认为"上等华人"有入园的权利,从而否认对"华人不得入内"的指责;另一方面,又推卸责任,把"上等华人"被阻园外,归罪于"巡捕的误会"。

五天后工部局又写了第二封回信,推翻了第一封信的圆滑说法,态度变得强硬起来:"兹奉董事会命……工部局不欲承认华人有享用公园之任何权利。因根据1868年6月20日英领事温谦德致苏松太道函,此园乃拨作体育场或公园,供侨沪外人之用也。"这样,不管是"上等华人"还是"下等华人",一概不准进入公共花园。兜了一个圈子,问题又回到原点上。

在公共花园园规公开悬挂之前,这是第一次见诸文字的歧视中国人的记录。工部局反复无常,上海市民更加愤慨。

1881年4月28日,《申报》再次载文抨击:

> 是园既名曰公家花园,而不以西人所私,向归工部局管理,一切用项所收中外人等捐款项下动支,况租界华人最众,其所收之捐项在华人为不少,侧是园亦当纵华人浏览,不容阻止,庶于公家两字方不相悖。

这是摆事实讲道理,也是以名驳实。

需要说明的是,在这一波的抗争中,清政府上海地方官员没人出面表示异议,工部局第二封回信把他们扯出来作挡箭牌,上海地方官员照样一声不吭。

所有这一切来自中国人的抗争,租界当局均塞耳不听,不仅继续独断独行,而且进一步变本加厉,将"华人与犬"并提。

1885年,英美租界工部局正式公布《公共花园章程》,即通常所说的园规,用木牌挂在公园门口,章程文字是英文的,翻译成中文,主要内容六条。第一条:脚踏车及犬不准入内;第五条:除西人用仆外,华人不准入内。脚踏车不准入内,可以理解,公园里脚踏车容易撞人,不安全;犬不准入内,也可以理解,狗随地拉屎撒尿不卫生。而服侍洋人的华人可以入

内,其他华人不准入内,则完全以洋人为核心决定问题的取舍,特别是一、五两条共有的"不准",将"华人"与"犬"并提,这已不仅是对中国人的歧视,更是对中国人人格的侮辱,中国人愤怒了!

上海著名绅商陈咏南、吴虹玉等八人联名写信给工部局表示抗议:"工部局执行的是纯粹民族歧视的政策,又要考虑自己种族的私利,又要想维持国际上的声誉与礼貌,那是不可能的……一切剥夺我们权利事件的发生,我们都表示反对"。

另一位名叫任涛泰的设计师直接给英国总领事写信,直指要害:不让华人进入公共花园,"我们认为作出这样不公正的安排,也无非是制造对我们每个中国人的侮辱,而且想贬低我们国家的威望"。他要求工部局召开董事会议,决定让公园开放。

对这些抗议与要求,工部局一律给予拒绝。

各种形式的反抗继续不断,除了写信,抗议行动发展到了公园门口,互不相识的一对青年男女因此成就一对姻缘,酿成了一段海上佳话。

无法说清那一天是上午还是下午,一位男青年手拿《圣经》来到公共花园门口,要求巡捕摘下门口有侮辱中国人内容的园规木牌。男青年英语流利,巡捕先是一愣,待看清眼前这个敢于挑衅的年轻人是黄皮肤、黑眼睛、黑头发，马上沉下脸予以拒绝。男青年继续要求摘下牌子，巡捕举起手中的棍子要打过去。"不许打人！"一位女青年用英语大声喝斥，人也上前一步，挡在巡捕和男青年之间，一场暴力冲突就此被制止。那男青年是基督教美国卫理公会牧师宋耀如，女青年是倪桂珍，发生在公园门前的这一幕使两人相识，后来结成夫妻，养下了宋蔼龄、宋庆龄、宋美龄三个女儿。

国人的愤怒，迫使清政府上海道台坐不住了，他把市民的联合上书转给了英国驻上海总领事，顺便表明了个人态度：公共花园建在中国的土地上，也用了中国人的钱，任何中国官员、商人、衣着整齐、行为端正的人，他们想进去看一看，都应该让他们去。对外国人没有什么妨碍，中国人进入花园有什么可怕呢？

话说得不痛不痒，近乎乞讨式的哀求，不像地方政府大员应有的态度。也是没办法，中央政府腐败无能，视洋人如猛虎，地方大员自然不敢挺直腰杆大声说话了！

英国总领事馆收到上海道台转交的信，玩起了踢皮球的把戏，把事情推给工部局。这一回，工部局给上海道台的回复态度有所软化，说是可以允许"受尊敬的品格高尚的中国人"，采用发"华人游园证"的方法，每星期游园一次。实质是有条件地对华人开放，把中国人看作是二等公民。

据后来实行情况表明，领取"华人游园证"手续烦琐，游园者要事先申请，获得同意后，在规定日期内才能游园一次，因而提出申请的人并不多。1889年有一个统计，全年申请领证183张，那还是数量多的一年。

此外，在这封回复信中，工部局强词夺理地污蔑说，"如果允许中国人自由进入，（公共花园）就不像花园了"，希望中国人能利用自己的条件，建造一个中国的花园，处理中国人的特殊利益。

站在中国人的土地上，反客为主，教训中国人应该怎么去做，这无异于是强盗的逻辑。

可悲的是上海道台真这么做了。为了掩饰自己的无能，为了缓和市民的强烈不满，上海地方政府在外摆渡桥南堍苏州河畔划出一块官地，建了一个小花园，面积6.2亩，人称"华人花园"，园内只有几棵树加一只茅亭。开园那天，上海道台聂缉规主持开园仪式，他题写的"四海联合"匾额，挂在园内。洋人歧视华人，不让华人进公共花园；华人造"华人公园"，却高唱"四海联合"，真不知这是自我解嘲，还是不知羞耻？

不满和反抗终于会出现高潮的爆发。

1925年"五卅"运动，上海学生上街游行，游行队伍经过外滩公共花园，看到公园门口挂着公园章程的木牌，学生们怒不可遏，一学生当场从附近皮匠摊上借来一把榔头，敲掉了木牌。印度巡警上来阻拦，学生们群起斥责："你们国家已沦为英国殖民地，你们不起来反抗，反而帮助英国殖民者压迫中国人！"学生们义正词严，印度巡捕只好讪讪而退。

1927年1月，慑于北伐军节节胜利和武汉收回租界的革命浪潮，上海租界当局被迫召开西人大会，通过侨民公园开放案。

1928年7月1日，是上海园林史值得书写的日子，从这一天起中国人可以买票进入侨民公园，"华人与犬"并提的时代宣告结束。

为争得一个游览公园的平等权利，上海市民整整抗争了60年时间，可叹可悲，但也可歌可泣！

在这里凭吊和纪念革命先烈

历史的发展难以预测。

英美租界工部局怎么也不会想到，当他们以租界和花园的主人自居，将华人与狗一起列为不准入园的对象时，有一天，会有人从他们手中夺去权利，端着枪踏进公园，取他们而代之，并毁坏公园的设施，使花园真的变得"不像花园"了。

这一天来了。

颇有喜剧性的是,端枪的不是别人,而是在纪念上海开埠50周年,送三只铜鹤作贺礼的大日本帝国。几乎是一眨眼的功夫,谦恭有加的朋友变成了势不两立的敌人。

1941年12月8日,太平洋战争爆发,日本军队开进公共租界,改组了工部局,原英、美、荷籍公董全部辞职,日本人冈崎胜男就任工部局总董。太阳旗代替米字旗、星条旗飘扬在租界上空。

公共花园成了日本军营,日军士兵肆意践踏花草,在音乐亭旁筑碉堡。"常胜军纪念碑"、"马嘉礼纪念碑"被拆除。公园满目疮痍,面貌全非。

好不容易熬到抗战胜利,公共花园改名黄浦公园。饱经战争摧残,正待舔血抚伤,恢复元气,解放战争的炮火打响了。为阻止解放军进入上海,国民党军队在园内埋地雷、修工事,公园再一次遭到毁灭性破坏。

1949年5月27日,上海解放,黄浦公园迎得新生。排除了地雷,整理好园内环境,仅仅十多天时间,6月9日就重新对外开放。原有的乔木和绿篱全都保留下来。园南仍以花坛为主,花坛保持四季有花。北部以草坪为主,近800平方米的一块天鹅绒草坪,在当时上海各公园中是能挂上号的。西北部有大悬铃木、广玉兰、香椿和银杏等高大乔木。带有殖民色彩的喷水池和小孩雕塑被拆除。从总体上看,英国自然园景风格基本得到恢复。因为在园内能观赏黄浦江江景,因为有过"华人与狗"不得入内的一段惨痛,所以凡到外滩的游人,总不忘到黄浦公园漫步,看着美丽的江景,想想遭受歧视的耻辱,诸多感慨油然而生。好在那一页历史已彻底翻过去了。

再后来,结合外滩改造和防汛墙提高,公园进行了几次大的改建,增加了望江亭、假山、瀑布、水池等设施，面貌焕然一新，风格也由英式自然园景转向中西合璧式。

1989年1月，黄浦公园再次改建，时间长达5年之久。这次改建，公园风格和功能发生重大转型——人民英雄纪念塔及其辅助建筑的诞生，成为凭吊和纪念革命烈士的理想场所，同时也成为上海标志性建筑。

一个重大决定在这次改建中由历史变成现实。

那是1950年初上海市人民政府会议形成的决定：建造上海人民英雄纪念塔，地点选在黄浦公园。这一决定和地点的选择，有着深层的考虑。从1840年鸦片战争起，上海人民为争取民族独立、解放进行了长期斗争，无数革命先烈为此献出了宝贵生命。因此，建造英雄纪念塔，纪念烈士们的丰功伟绩，以他们为榜样，继续新的革命，是每一个活着的后人义不容辞的责任和义务。纪念塔地点选在外滩黄浦公园，那是因为外滩这一片土地，是上海开埠之际辟出的第一块租界，黄浦公园记载着中华民族的耻辱。当上海重新回到人民的手中，在这里树起人民英雄纪念塔，可以告诫、警示人们永远不要忘记那一段屈辱的历史！

1950年5月28日，上海市各界人民庆祝上海解放一周年纪念大会在外滩举行，大会通过由58人组成的上海市人民英雄纪念塔奠基委员会，接着在黄浦公园举行由潘汉年副市长主持的奠基仪式，各界代表300多人参加了奠基典礼。奠基石的署名是市长陈毅，副市长潘汉年、盛丕华。由于种种原因，纪念塔后来一直没有动工兴建。奠基石被保存下来，在纪念塔建成后，竖立在纪念塔广场东边的一棵大树旁。

但是，人民的代表记住了那个决定。

1987年3月，在上海市第八届人民代表大会第六次会议上，著名作曲家孟波等47位代表提出议案，要求从速建成上海市人民英雄纪念塔。议案代表了上海人民的意愿，获得通过。稍后召开的上海市人民政府第35

次常务会议，决定在原址兴建纪念塔，同时成立纪念塔筹建指挥部，公开征集规划设计方案。

纪念塔的筹建牵动着上海人民的心，涌现出的许多事例让人感动不已：时间不长，指挥部收到应征设计方案100多件，叶国英、戴念慈、陈植、张充仁等著名建筑师、雕塑家踊跃参加建塔方案设计；社会各界3 000多机关、团体、企业、个人踊跃捐款，共捐献建塔资金1100余万元；建设者不惧风雨严寒与酷暑，加紧施工。各方努力，众志成城。历时5年又5个月，上海市人民英雄纪念塔在1994年5月27日、上海解放45周年当天落成开放。

一位作家瞻仰了纪念塔后，在题为《外滩——上海的客厅》一文中写道："三根高耸交顶的碑式立柱，材质朴实，线条挺拔，在底下形成一个力的场。太得意的人，到塔底下坐坐，会觉得自己渺小；失意的人，到这里能获得力量。"这是由纪念塔的壮观、气势及象征的历史意蕴，带给他的真实感受。

纪念塔以黄浦江为背景，奔腾不息的江水象征着一百多年来上海人民前赴后继、百折不挠的斗争历史。塔身建于向江中延伸的直径56米的圆岛上，三根枪式花岗石碑体组成的主塔，高60米，屹立在下沉式园岛广场中央，形态如江中涌起的三根浪柱汇于高空，象征在鸦片战争、"五四"运动、解放战争中牺牲的人民英雄，他们永远受到人民的崇敬。

塔座壁的花岗石浮雕高3.8米、长120米，从左至右共7组浮雕，表现了从1840—1949年间上海人民的革命斗争历史。两翼为装饰性的花环图案，象征着对革命先烈的悼念。

圆岛上层的题字碑上镌刻着时任中共上海市委书记江泽民题写的"上海市人民英雄纪念塔"十个鎏金大字。其碑文是："在伟大的人民解放战争中，在'五四'以后的人民革命斗争中以及1840年鸦片战争以来，上海历次革命斗争中牺牲的人民英雄们永垂不朽。"与对圆岛平台对面的"浩然正气,永垂青史"八个也是鎏金的大字遥相呼应……

在纪念塔平台下的大厅内,辟有1 000平方米的"外滩历史纪念馆",展览281张历史照片和具有代表性的30件珍贵实物。三幅巨型灯箱分别将1880年、1923年和1990年代外滩的历史演变过程,表现得淋漓尽致,栩栩如生。在公园南部花坛增设了一座高8米、宽11米,名为"浦江潮"的雕像,一个勇士挥舞着旗帜,象征人民挣脱旧社会的锁链。

徜徉在这样一个庄严、肃穆与艺术化的环境中,你会感受到过去、现在与未能的融合,历史与现代的对接。今日的黄浦公园已不光是一个景色秀丽的园林,它更是一个凭吊与瞻仰革命先烈,了解过去,珍惜现在,展望未来,进行革命传统教育的重要基地。

（注:本节照片除人民英雄纪念塔为新拍外,其余为历史资料照片）

第二节　时尚先锋：复兴公园

满园的梧桐树,见证了建园百年的沧桑变化。建于1909年,原名顾家宅公园,俗称法国公园,抗战胜利后改名复兴公园,取"民族复兴"之意。典型的法式风格,糅进中国园林的元素,中西方文化交汇融合,造就了几分诗意,几分浪漫。今日的时尚风情丝毫不减当年。

2009年6月,复兴公园迎来了建园百年纪念。作为我国唯一保存完好的法式园林,依然有几分诗意,几分浪漫。

园中200余棵树龄50年以上的梧桐树,在全市所有公园中找不出第二家。每当春秋之季,树树枝叶繁茂,漫步在浓荫之下,随风拂来的是几

分古朴,几分欧美风情。

或许正因为如此,一些到上海访问、旅游的法国朋友,总不忘挤出时间到公园内小坐。猜想不出他们彼时彼刻的心情是什么,是发古之思情,畅想他们先辈的"辉煌业绩",能在东方文明古国开辟出一方属于法兰西的天空;还是感慨不已,赞叹上海的博大胸怀,不因历史的改写而抹去一切。也可能两种想法都有,混杂在一起,分不清彼此。

人的思想是复杂的,许多事情很难用非一即二的单项选择思维作出判断。但有一点毋庸怀疑,法国友人愿意光顾公园,说明公园在传承原有风貌,先把根留住再谋求发展的做法,是成功的。

与复兴公园毗邻的复兴中路、重庆南路、南昌路、雁荡路,解放前是高档住宅区,住在这儿的多是中产以上阶层的成功人士,他们是公园的常客,带进公园的是文明、礼貌、优雅与绅士的风度。而毗邻的淮海中路,当年是闻名中外的商业中心,时尚之风也因此不时飘进复兴公园。说不清还有其他什么原因,总之复兴公园的园风情调是迷人的。

解放后,居住在公园附近的人们,在文化教养、精神风貌上,层次仍然显得要高一些,他们是复兴公园的常客。有些人早已搬走了,仍不惜舍近求远,到复兴公园休闲散心。他们留恋这儿的温馨与恬静。直到今天,像其他公园一样,喜欢打拳的、跳舞的、下棋的、品茶的,乃至谈情说爱的,每个人都能找到属于自己的乐趣,惟独那一份幽雅、静谧、诗意和淡淡的温馨,却是复兴公园所特有的。

当然,还有时尚风情丝毫也不减当年。

开园之日选在法国国庆节

先作一番历史的追忆,看一百年前后发生在这块土地上的变化,是一件很有意义的事情。因为殖民化的步步加深,才有了复兴公园的诞生。

上海开埠之前,现在的复兴路、重庆路一带属上海县城西郊,零星散落的村舍住着几十户种田为生的农民,过着"日出而作,日落而息"的生活。村不大,照样有村名,叫顾家宅。一户顾姓人家生活相对富裕,用十多亩地造了一个私人花园,人称顾家宅花园。假如没有后来的巨变,今天的上海会多了一座古典园林。但后来发生的一切,证明没有"假如"。

1845年11月,在武力的胁迫下,当英国人在上海取得第一块租界后,法国人不甘落后,同样在武力的胁迫下,取得在上海的第一块租界,并于1862年成立了管理租界的机构公董局。

然而,尝到甜头的殖民当局并不满足,总是以土地不够用为理由,千方百计想着扩大租界,不惜用种种伎俩,强行越界筑路,建立界外"飞地",造成既成事实,迫使清政府就范。未开垦的上海处女之地,就这样一块块被蚕食。

1900年8月4日，八国联军攻陷北京，世界名园圆明园遭到强盗般洗劫。一个月后，法国军队开进上海，早就看中顾家宅一带土地的法国驻沪总领事，乘机向上海道台提出，要购买一块土地作法国军队的兵营。暗地里，法国军队已在顾家宅附近擅自搭建了马厩。慑于法国军队兵临城下，事实上又在顾家宅打下了楔子，上海道台无力也不可能扭转既成事实的局面，遂同意公董局以7.6万两规银买下了顾家宅花园一带的152亩土地。不久，附近这一带的土地整个儿都成了法国的租界。

中国人的私家花园变成了法国军队的兵营，真是翻天覆地的变化。只是时间不长，法国军队撤走，用作兵营的土地先后造起了网球场、弹子房、跳舞厅、击剑馆、酒吧和餐厅，专供外国侨民休闲、享受和娱乐之用。同样时间不长，其中的一部分土地又变成了公园。不过，此时的花园不再属于中国人。

1908年7月1日，公董局董事会决定，把顾家宅兵营辟建成公园，聘请法国园艺师柏勃设计，同时担任助理工程监督。

用今天的眼光衡量，巴勃对赋予他的建园重任并不特别上心，他依照本国里昂市一个公园的蓝图，作抄袭性的搬用。全园重点工程是在公园中央，用水泥、砖头砌了几个几何形花坛，铺设了草坪，草坪上建了一个音乐演奏厅，还有几座简便避雨棚，剩下的就是花草树木了。1909年6月29日公园竣工，全部建园时间一年不到。园名按地名叫顾家宅公园（**法文**：Parc de Koukaza），也称法兰西公园，中国人叫法国公园。

这时，公园的法式风格远未形成，面积也只有60余亩，整体环境在当时上海以幽静著称。

为了炫耀自己的胜利与业绩，公董局把开园时间定在同年7月14日，这一天是法国国庆日，把别国的土地当成自己的家园，庆祝自己的国庆，

骨子里透出的是殖民者的野蛮与傲慢。从此，每年7月14日，法国国庆活动都在园内举行。到时公董局拨出专款，在园内道路两旁插红旗，全园张灯结彩，搭建检阅台、观礼台，白天举行阅兵、游园，晚上燃放焰火，举办舞会，庆祝欢乐至深夜结束。

1922年3月8日，法国霞飞上将访问上海，一系列重大活动也在园内举行。第一次世界大战，霞飞在马恩河会战中立下赫赫战功，深受法国人爱戴。为颂扬他对法国所作的贡献，早在1915年6月，公董局就将宝昌路改名霞飞路（现淮海路）。七年后，霞飞亲临上海，得知有一条以他的名字命名的马路，心情十分高兴。第二天晚上七时，各界人士欢迎霞飞上将的提灯会在公园举行。法国绅商宴请霞飞上将、夫人及女儿。晚宴结束，法国驻上海总领事夫人举办欢迎舞会。3月10日下午，霞飞上将在园内种下一棵"自由树"，表达他对和平的憧憬。

这多少有点讽刺和滑稽。圈占别国的土地当成是自己的家园，这样的"和平"有多大价值？对法国人来说，霞飞是民族英雄；对中国人来说，他是一个殖民主义者。霞飞种下的那棵象征"和平"的树，很快被忘却，并不知所终；以他名字命名的霞飞路，新中国一成立就改名为淮海路。

霞飞上将在上海四天，所有重大活动都在园内举行，很长一段时间中，顾家宅公园成了法租界文化、社交和节庆活动的中心。

一位研究上海租界史的学者写到：租界——国中之国，是西方世界镶嵌在东方世界的一块乐土。一言中的。顾家宅公园正是这样的一块乐土，一块不允许中国人进入的西方侨民的乐土。

顾家宅建成开园前，公董局召开董事会讨论开幕事宜，一位董事提出，公园开放是否允许中国人进入？讨论的最后结果：进入公园的权利保留给西方人。根据这一决定公布的公园章程主要内容五条，在第一条"严禁下列人和动物进入公园"中，首列就是"中国人"，但又特别说明，"照顾外国小孩的中国阿妈和伺候洋人的华仆可跟其主人入园"。在法国人眼中，中国人只配做西方人的奴仆，不能享有独立的权利。第五条又规定，"公董局保留有权利发给华人入园券"。这完全是装点门面的摆设，事实上从来没有实行过。即便偶有例外，也是特别的"恩准"，并非华人应该享受和西人一样平等的权利。

和英国人相比，法国人没有把"华人"与"狗"并提，看似少了些固执、狂妄与傲慢，多了点世故与圆滑，但本质上并无区别。

青年时期在法国有过因黄皮肤、黑头发不许进入公园遭遇的方志敏烈士，对上海租界公园歧视华人的殖民政策，怒不可遏，在他著名的狱中遗作《可爱的中国》中发出了无声的呼喊：

这是我感觉到从来没有受过的耻辱，在中国的地方上，让他们造园，反而禁止华人入园，反将华人与狗并列。这样无理的侮辱华人，岂是所谓文明国的人们所应做的吗？华人在这世界上还有立足的余地吗？还能生存下去吗？

经过长达20年的持久抗争，迫于各方面的压力，1928年4月16日，公董局开会讨论，才认为"有必要对顾家宅公园章程进行修改"，取消严禁华人入园的规定。7月1日，修改后的公园章程公布，华人可购票进园游览。

法式风格糅进了中国元素

开园八年后，顾家宅公园对园容园貌进行了一次彻底改建和大规模扩建。猜想这次改扩建的动因，不外乎有以下两个方面：其一，开园以来受到侨民的普遍欢迎，租界重大社会、文化活动都在园内举行，公园发挥了重要作用；其二，公园周边法租界建设日趋繁华，高档住宅、商场、舞厅、餐馆、酒吧陆续开门营业，侨民人数逐年上升，需要有更大的活动空间。两方面原因一夹击，公园的改扩建工程水到渠成，适时提上了公董局的议事日程。

公董局聘请法籍工程师约少默负责这次改扩建工程的设计和施工。比起前任园艺师柏勃，约少默要尽心尽职得多，光改扩建工程的设计方案，反复修改听取意见，用了一年多时间，比1908年建园用的时间还长。工程正式开工，又边施工边修改，到1926年全部完工，总计八年时间。经过这一次"外科手术"，公园才真正体现出法式园林的风格，面积也随之扩大到136亩。

中国古典园林，风格无论南北，多以建筑为主，植物为辅，亭台楼阁，廊柱榭轩，假山石桥，再配以花草树木，放眼望去，满目诗情画意，张扬的是传统文化底蕴。英国园林崇尚自然，流畅简洁，几个茅草亭，曲曲弯弯的园中小路，加上草坪，再点缀各色植物，追求的是乡村风韵。

法国园林虽也崇尚自然，大面积草坪，开阔醒目，但它更讲究运用植物造景，形成中轴对称的格子化、图案化几何图案，不同几何图案种植不同色泽的花木，形成大面积色块反差，营造出一种特别炫目诱人的观赏效

* 玫瑰园里玫瑰盛开 (1920)

沉床式花坛 (1919) *

果。在此基础上，再搭配其他花卉、树木、水池分布园中，一座洋溢着浓浓法国风情的公园就浑然而成了。

感谢后来一任任公园的管理者，80年前那次改扩建形成的法式风格的主要景观，一直延续到今天。

8 000平方米的大草坪在园中南部，四周有高大悬铃木环绕，草坪绿色如茵如毯，视野十分开阔。冬天遇有大雪，一片白雪皑皑，又是一种韵味。

两座沉床式花坛，典型法式风格。一块在中部，呈东西向长方形，面积2 472平方米，由两两相对的6只图案式花坛组成。中间为圆形喷水池，面积150多平方米，池中有孩童戏水雕塑。花坛四周用黄杨绿篱镶边，两边滚地长条花坛用碧绿的结缕草垫底，一年四季用扶郎花、朝天椒、太阳花轮番更换，翻卷成不同的图案，在一片绿色之中织就一块块对比强烈的色彩。因花坛像地毯般展开，人们又称"毛毡花坛"。

所谓"沉床式"，实质是利用花坛不同层面的高低落差——最低层在地表之下，二层介于最底层与地表之间，再上一层与地表持平，然后是高矮树木错落相围，如此层层相递，游人的视点忽而抬高，忽而降低，凸现出花坛的立体感，有雄伟端庄的阳刚之美。

另一处沉床花坛在西北部，面积与前一块相仿，为椭圆形玫瑰花坛。玫瑰易让人产生"情"与"爱"的联想，凸现阴柔之美。法国人浪漫多情，玫瑰花坛可看成是他们性格的写照。

这样两座花坛，在其他公园再难找到第三座，它只属于法式风格的公园。

还有许多景观，同样反映出法式风格。比如遍布全园的梧桐树；比如大道旁的双排座靠椅，省去了一个靠背，生铁座脚样式精美；再比如西边门的毛木茅亭等等，这些细部小品，看一眼就知道它们经历了漫长岁月，代表着异国风情。细部相对全体有时显得并不那么重要，而有时却能体现全体的本质。

话题再回到80年前那次改扩建工程,约少默的心态是开放的,他启用年轻的中国园艺设计师郁锡麒参加设计,导致法式风格中糅进了中国元素。

在公园南部,凡熟悉中国古典园林的游人一看就知道,那是中式园林区。"曲径悬崖,有亭有瀑,瀑下小潭,连东面大池。池广3 000多平方米,植以荷藕,蓄以金鱼。池南长廊水榭,可以小憩,可观赏。布局自然,无论荷花池、假山、小路等,都显现出中国传统园林特色,生动、自然,显示出中国人对自然的见解,以及人与自然的关系,非常可贵。"《上海名园志》在一篇介绍复兴公园园艺特色的文章中,谈到园中中国式园林区时,作了上述的文字描绘。

按理来说,中、西园林风格迥然不同,彼此本应各呈其态,各领风骚,可实际情形却是中国式、法国式恰到好处地合成一个整体,呈包容的和谐之美。仔细一想,并不奇怪。法国工程师约少默在中国的土地上设计法式园林,他不能不受到时间、地点、条件的约束;中国园艺师郁锡麒在法式风格园林中设计中国式园林区,不能不考虑与周围环境相吻合。这样,法式风格变得并不那么纯粹,中式风格也变得不那么典型,双方都有了某种妥协。

不同文化的互相碰撞虽不可避免,但彼此也有互相学习、借鉴的一面。特定的时代背景,不同的文化在上海这块土地上相聚碰撞,最终催生了海派文化。从这个意义说,复兴公园是法式园林,也是海派园林。

名人纪念与马恩雕像

一座历史悠久的公园,除了别具特色的园容园貌之外,人文方面总会有些特别的故事。比如关于名人的故事与纪念,是许多公园值得骄傲的一个方面。而且,它会一直流传下去——10年、50年、100年,甚至更长更远。

复兴公园有关名人的故事也不少。

1923年霞飞上将到上海访问,各界人士在园中举行提灯会欢迎;1931年毛岸英三兄弟在上海大同幼稚院学习,和其他师生一起在园中合影留念,是其中的两例。但比较起来,另两则关于名人的纪念,影响更大,更有价值。如今一则已成为历史,一则将永远纪念下去。

成为历史的是环龙纪念碑。

环龙,法国巴黎人,生于1880年3月12日,飞行表演家。作为特定的个人,环龙是勇敢的,他天生不畏艰险。当自己的同胞在东方古国的上海撑出一片天地之时,环龙决定赶赴上海,在上海的天空作飞行表演。

1911年1月,环龙远渡重洋,用轮船从欧洲运输三架苏姆式双翼飞机来到上海。这是上海第一次出现飞机。他的这一举动,让中国人开了眼界。

2月25日,环龙第一次在江湾上空作飞行表演,一切顺利,表演是成功的。不久,又进行了第二次表演,再次取得成功。环龙信心大增,接着在5月6日进行第三次表演,不料出现了意外。飞机飞到今天人民公园的上空,环龙准备降落在当时还是跑马场的马道上,因操作不当,飞机堕地,造成机毁人亡,时年仅31岁。

为了表彰环龙,法租界公董局决定,把公园附近在建的一条马路命名为环龙路,又在靠近环龙路的公园北端建一座环龙碑。碑的正面刻着环龙的简要生平:"纪念环龙君,君生于一八八零年三月十二日,籍法京巴黎;一九一一年五月六日殁于上海。君为在中国的第一飞行家,君之奋勇及死义,实为法国之光荣。"原碑文可能用法文刻写,上面的文字是由中国人翻译的,半文不白。从碑文内容看,公董局把环龙当成法国的民族英雄来纪念。环龙路和环龙碑的纪念整整保持了40年,直到上海解放,环龙路才改名南昌路,公园内的环龙碑也被拆除了。

实事求是评价，环龙不是殖民主义者，他只是一个飞行表演者。他的上海之行不是出于上海人民的邀请，而是因为上海有法国租界，法国人可以自由来去……尽管这与环龙个人无关，他的不幸遇难也值得同情，然而要让翻过受尽耻辱历史一页的中国人继续去纪念他，绝对没有必要。曾经有过的纪念，只能是一种历史的记忆。

永远的纪念是马克思、恩格斯雕像。

上世纪80年代初，马克思逝世100周年纪念即将来临，中共中央宣传部决定在北京、上海同时塑建马克思、恩格斯雕像，供人瞻仰，并作永久性纪念。

这是一件大事，上海市城市规划部门丝毫不敢懈怠，两位伟人的雕像安放在哪里比较合适，他们广泛听取了多方面领导和专家的意见，最后选定放在复兴公园。理由是充分有力的：复兴公园地处市中心，周边环境有中共一大会址、孙中山故居、周公馆，城建规划中还有一座革命历史纪念馆，全是镌刻着"红色"记忆的历史性建筑。园内环境更加得天独厚：绿化基础好，有大面积草坪和花坛，能提供开阔的视觉空间和理想的光线效果。总之，无论内外环境，再也找不出第二个比复兴公园更加理想的场所了。

一切就这么定了。

1983年5月5日，马克思逝世100周年纪念日，中共上海市委在复兴公园为雕像奠基；1985年8月5日，恩格斯逝世90周年纪念日，又为雕像落成揭幕。那天，时任上海市市长的江泽民主持揭幕仪式。

现坐落于公园北部梧桐树中的两位伟人雕像，由著名雕塑家章永浩设计塑造，高8米，宽约3米，由三块花岗岩组成。雕像中的马克思、恩格斯比肩而立，神态安详，双目远视，像是凝神而思，眺望人类社会发展的美好前景……伟人神韵被恰到好处地展示出来，与周围欧式风格的环境融

入了一起,不愧是出自大家的手笔。

从此,复兴公园增加了一份厚重的文化底蕴。游园经过或专程赶来的人们,在雕像前注目瞻仰、过党团组织生活、拍照留念,用各种方式表达对两位伟人的崇敬之情。

无疑,这是永久的纪念!

时尚之风丝毫不减当年

复兴公园是时尚的。从建园起,法国人追求浪漫和时尚之风,一直在园中挥之不去,并随着时代潮流的变化而变化。

20世纪初至三四十年代,一切超前、时尚的生活,休闲和娱乐方式,陆续在淮海路、雁荡路、南昌路、重庆路一带出现，尤其是当时被称作霞飞路的淮海路，已成为繁华高雅的商业街。外滩尽是洋行、银行，是金融一条街，商业之风无法和霞飞路相比；南京路虽也灯红酒绿，但档次总好像要低一些；惟有霞飞路引领上海时尚的潮头。西菜馆、洋酒店、面包房、夜酒吧、跳舞厅、电影院、弹子房，还有西服店、器皿店、照相馆、西药房，在当时都属于时尚消费，店老板多是外国人——法国、英国、美国、意大利、日本以及犹太人。在这些商店进进出出，想不时尚也难。从西菜馆、电影院出来，再到公园散步；走出公园一转身，进西菜馆吃大菜或到酒吧喝酒，进进出出，时尚之风在复兴公园飘来飘去。

解放了，"时尚"一词绝少提起，甚至在公开的文字中彻底消失。这时的公园，除了供劳动者锻炼、游览之外，同时成为各种社会、文化活动的重要场所。在这方面，复兴公园照样引领风气之先。

有史可查，1949年8月1日，上海刚刚解放三个月，上海文艺界在公园内举办劳军救灾游园会，话剧、评剧、越剧、沪剧、杂技、音乐、歌舞等31个文艺团体有4 800人参加。6天游园活动，市民天天排队购票进园，队伍从公园门口一直排到淮海路，出售门票10万张，义卖收入620万元（旧币），游戏场收入350万元（旧币）。规模、影响之大，一时少有。

举办菊花展，即便在今天也不算落伍。可早在三五十年前，复兴公园的菊花展就已名噪一时，成绩斐然。1959年春，展出通常在11月份才开花的名贵菊花十多种。一盆高约两米、九层的嫁接菊，送迎"国庆十周年百花展览会"展出。1960年培育出有2 000多朵花的大立菊。1973年举办菊花展22天，门票销售突破100万张，热得发"烧"。1974年育出一株立菊，开花多达2 227朵，可用创造奇迹来形容……

第二个春天来了，思想与观念从禁锢中解放出来，公园的"英语角"盛誉海内外；"玫瑰婚典"，100对新人齐办婚礼，同时交换结婚戒指和爱情信物,场面之壮观,让人叹为观止。

复兴公园和淮海路,曾经共同经历了时尚商业文化景观的发展演变。今天,上海以一种全新的姿态,伸出双臂拥抱来自四方的宾客和友人,它们再次互相媲美,各自打造自己的时尚商业文化风情。

——香格纳画廊,宗旨是推广中国当代艺术,在上海、香港举办艺术家个人展,吸收在沪外国人、海外博物馆、美术馆专员及媒体记者参观,水到渠成之后,再把中国当代艺术家的作品推向海外。

——Park97酒吧,清幽的环境,梧桐树代表欧洲风情,火红的气氛中有几缕清风,人在这里会心情松弛,萌生强烈的怀旧欲望。逢周末和节日,有不同的主题派对,还有很棒的DJ来驻场。火树银花,歌舞升平,是最佳的晚会场所选择。美国前总统克林顿访华,在这里吃过两顿饭。

——官邸酒吧,台北官邸在上海设立的第一家会员式酒廊俱乐部。独门独院的设计风格,把开放式俱乐部与私人隐密室VIP包厢完美结合起来。官邸的一大特色是,每个成为会员的客人都能得到一把"回家的钥匙"——官邸门卡。每次来官邸,只需刷卡便可进入。回家的感觉让客人倍感舒适放松。除正常营业,官邸还不定期举办产品发布会、私人生日PARTY、流行时尚界发布会等多功能服务。港台明星常在这里举办活动,魅力不凡。

细说起来,还有激情洋溢的California Club、温馨的意大利餐厅、古雅而又现代的Tokio Joe日本料理等,前卫、优雅、洋派,酒和音乐,诸多时尚之素,在公园内都能找到它的影子。

时尚属于夜晚,复兴公园是上海夜生活最具代表、最有人气的公园之一。不仿抽空在夜晚到Park97酒吧、官邸酒吧、温馨的意大利餐厅小座,满眼所见,灯光璀璨,潮男潮女,衣香鬓影,一派迷人的异国风情。

(注:本节照片由复兴公园提供)

第三节　独木傲霜：中山公园

从近代私人别墅到公共园林，浓缩的是一段历史。园成之初，名极司非尔公园，又称梵王渡公园。前者以路名作园名，后者以渡口作园名。为纪念孙中山先生，1944年6月改名中山公园。近百年传承发展，形成了英式风格为主，兼具多种文化内涵的园容园貌。

法国梧桐常常成为上海人的话题。

上海人俗称的法国梧桐，学名悬铃木，它树冠开展，生长迅速，耐修剪，是行道树、庭园树首选树种之一。在长江中下游的一些城市，法国梧桐是常见、多见的树种。

可奇怪的是，悬铃木原产地不在法国，普遍种植的二球悬铃木由英国培育杂交而成，为什么不叫英国梧桐，反叫法国梧桐？

有一种解释，说是法国人最先把悬铃木用作上海的行道树，在法租界大量栽种，该树的叶子和中国梧桐树叶子相差无几，所以上海人把悬铃木叫作法国梧桐。此一说法是否科学，没人作过考证，多数人是口口相传，习惯这么叫了。

但是，围绕法国梧桐的话题，有两点是肯定的。第一，上海的法国梧桐究竟种了多少，没人说得清楚。从第一棵法国梧桐种下起，至今没作过精确的统计。一条条马路，相当一部分马路的行道树是法国梧桐，一棵棵枝繁叶茂，两边树冠相接，遮荫蔽日，马路成了林荫大道。还有大小公园、住宅庭院，或成片成林，或三两棵相伴，真要想统计种了多少棵，不是件容易事。第二，数量虽然不知多少，但最老最大的法国梧桐在哪儿，答案是肯定的：在中山公园。

中山公园西北角，1866年种下的那棵法国梧桐已133岁高龄，仍苍然

* 悬铃木之王

未老，雄姿勃发，人称"悬铃木之王"。其树干矮而粗壮，两人手拉手不能合抱，分权枝芽直插半空，高达30米，冠幅31米，无第二棵可及可比。每年时令秋分，树叶变黄，一片片飘落，树干之色忽黄忽白忽灰，斑斓驳杂，似有灵性一般。为此多次发生传闻，"悬铃木之王"有树神附着，引得一伙信神拜佛的老人纷纷在树下焚纸烧香，磕头跪拜：为子女求生养有后，为自己求祛病消灾，为家人求平安多福。有几次，焚纸烧香的人太多，公园管理人员劝阻不住，为破除迷信，防止火灾，由媒体出面宣传辟谣才告平息。

人为神化百年法国梧桐固不可取，但称它是镇园之宝，丝毫也不为过——近百年来公园发展变化的历史见证。

从私人别墅到公共园林

19世纪60年代，今天的中山公园一带属于上海郊区，离英、法、美租界有很长的一段路程，归属上是"华界"地盘，由中国地方政府管辖。一块不属于租界的土地，忽然建了一座由租界管理的侨民公园，这和英国人霍锦士·霍格有直接关系。

上海开埠，霍格兄弟是较早到上海闯荡寻梦的英国侨民。因为有经商天赋，到上海不久，霍格就成了英租界早期的大地产商，并在咸丰四年（1854），在花园路（今南京东路）开办了一家霍格兄弟公司（Hogg Brothers & Co），中文名称叫兆丰洋行。无论从经济实力还是影响来说，在英租界霍格已是一个有相当身份的人。

咸丰十年（1860）前后，以防备太平天国起义军进攻上海为借口，英租界当局越过租界，修筑了一条从静安寺到曹家渡的"军路"极司非尔路（今万航渡路），以便一旦有事，租界内驻军可从此路直达市郊。此时，霍格已身为英租界防务委员会主席，俨然挑起了武装保卫英租界的重担。利用这一职务，霍格沿极司非尔路一直行至苏州河曹家渡以西的吴家宅地区。说不上是假公济私，霍格看中了这片土地的发展前景。时值战乱，他觉得有机可乘，抢先以低价"永租"了这里的大片土地，在极司非尔路南，利用原有的林木景观，建了一座占地70亩的乡间别墅，用自己洋行的名字，取名兆丰别墅。

不能肯定兆丰别墅就是近代上海的第一幢郊外度假别墅，但也没有其他资料可以证明，有第二幢别墅比兆丰别墅在上海问世更早。就这样，西方早期度假别墅在不经意间被引进了上海。

在一块不是租界的土地上突然嵌进了一块楔子，预示着这块土地将很快被蚕食，最终成为不是租界的租界。事实上，没过多少日子，吴家宅那一片土地就被租界当局瓜分了。

兆丰别墅建成好多年后，1866年，汉壁礼（Thomas Hanbury）爵士送给霍格一棵悬铃木，当时悬铃木在上海尚属稀有树种，显得特别珍贵，汉壁礼的这棵悬铃木又来自意大利，意义更显得非比寻常。霍格把它种在别墅的花园里，这一种就是133年。其间，它像一个忠实的卫士，日夜守护着这片土地，见证了这片土地被转让、被开发的全部过程。

霍格不愧是眼光敏锐的地产商，仅仅十几年功夫，租界土地越来越少，觊觎吴家宅那片土地的人越来越多。精明的他适时抛出早已握在手中的土地，狠狠地赚了一把。

第一次光绪五年（1879），霍格把兆丰别墅以北的83亩园地，以6 500两白银卖给美国圣公会开办的圣约翰书院。

第二次是宣统三年（1911），以14万两白银将极司非尔路以南的72亩土地卖给已由圣约翰书院改名的圣约翰大学，供后者扩大校园。圣约翰大学后来赫赫有名，培养出不少有用人才。1952年，圣约翰大学改名为华东政法学院，即现在的华东政法大学。

霍格先后两次卖出握在手中的土地，租界当局坐不住了，他们早就瞄准了吴家宅那片土地，想在那里为租界抢占一块能够支配的地盘。

20世纪初，上海租界已有近60年的历史，外国人大量增加。有数字显示，1865年租界的外国人仅2297人，到1910年猛增到13563人，40多年增加了6倍，而且越往后增加速度越快。从几千人增加到一万多人，在今天算不上是什么大事，可在150年前，这样的增长是惊人的，租界当局开始考虑寻找供侨民活动的新的空间。

民国二年初（1913年2月），租界娱乐基金托管会向工部局提出，要在上海西部建立一个公共运动场，用来训练巡捕、商团及停泊在港口上的海军，并且要附设一个游览园地。提议中的所谓"上海西部"，就是指吴家宅那一片土地。紧接着，租界公共娱乐委员会于1914年3月7日，向租界当局正式提议：

鉴于目前各个公共娱乐场所被各种运动项目占据了所有空间，实际上作为一个公园进行一些安静的娱乐活动已不可能，在运动场种树受到限制，特别是赛马等娱乐活动项目更不能在树荫环抱的场地下举行。因此，非常有必要越快越好地在西区建立一个公园，其主要目的是风景公园和植物园。

这份提议名义上是要在西区建一个"风景公园和植物园"，实际上是想占有西区那块土地，使其成为变相的租界。因为，如果是作为一般公园，市区已有公共花园和顾家宅公园，在那里完全可以"进行一些安静的娱乐活动"。再有，当时的跑马场和跑狗场十分红火，西方侨民并不缺少娱乐场所。当然，也不能完全排斥，公共娱乐场委员会的确想在西区再建一个"风景公园和植物园"，让侨民们在周末能跨出租界，到郊外去度假，像在租界中一样自由。为能促成此事，公共娱乐场委员会特别承诺，愿出2万两银子予以资助。

接到提议，租界当局行动非常迅速。在3月20日召开的纳税人年度会议上，立即形成第12号决议，授权工部局以12.3万两规银购买极司非尔路一块123亩的土地，其中包括霍格的兆丰别墅。

落实决议的行动更加迅速。工部局很快和土地的所有者办妥了银、货两清的交割。利用兆丰别墅原有景物，在原有基础上"稍加整理"，就改建成由工部局越界管理的公共园林，借用别墅名，取名兆丰公园。公园北部与极司非尔路为伴，又与梵王渡火车站相邻，所以又叫极司非尔公园和梵王渡公园。后一个名称，主要是中国人对公园的称呼。

* 租界时期兆丰公园园景

　　1914年7月1日，公园正式对外开放，工部局公布游园规则：只对外国侨民开放，不准华人入内。这一做法，同样激起了中国人的反抗。

　　一则故事，说明这时的反抗已不限于口头和舆论，而是直接付诸行动。

　　1915年5月7日早晨，圣约翰大学一位教授翻过园墙进入公园，打开园门，让50位学生进入公园，以行动表示对歧视中国人的抗议。公园警卫提醒教授："中国人不准入园。"教授理直气壮地反驳：公园是属于公众的，他的学生是公众，他们喜欢时就到公园里来。工部局将这件事告到圣约翰大学校长那里，最终不了了之。行动的反抗，从此再没停过。

　　1922年，公园建了一个动物园，工部局在公布暂行章程时作了某些妥协，规定中国人"从星期一到星期五去游览，开放时间从上午十时到天暗"，周末和周日只限外国才能进入。时隔不久，革命形势高涨，1928年6月1日，租界当局废除了原有园规，允许中国人进园游览。

未能完全实现的建园构想

一座公园有一座公园的建园构想。

黄浦公园筹建之初，明确的目标是英国风格，在都市氛围中追求乡村野趣。复兴公园动工之前，定下的是法国风格，通过大手笔、大色块运用，追求对称的格子化、图案化之美。和以上两座公园相比，中山公园建园构想相对要复杂一些，在文化层面上，它不再是单一式风格，而是更注重多样化融合。

开园之初，公园因袭兆丰别墅的园林布局，无大的变动。工部局的方针是先开园，以原有园地为核心向外扩展，然后进行改建和扩建。依据这一方针，工部局两次收购附近的农田，公园总面积迅速扩大到近300亩，成为上海占地面积最大的侨民公园。在此过程中，公园改扩建总体构想才渐渐明朗。

工部局聘请园场监督麦克利负责这次改扩建工程的设计和施工。麦克利是一个既有丰富经验，又有个人想法的园艺家。他特别强调，"照我们的理念，用显著的风格"，建造新的租界公共园林。他的建园构想包括三部分内容：

第一，它是一个旷野的园林，包括树林、草地、湍流和小湖，愈是乡村风味愈好，再要一块理想的地点做野餐和其他集会之用；第二，植物的园林，包括一个中国的树木和灌木的代表的园林，尽可能地搜集，使之完备，成为世界上最大最有趣味的中国植物标本园林；第三，装饰的部分，那是照我们的意念，用显著的风格包括广大的草坪，植树夹荫的大道、喷水泉和适当的雕像。此外，还必须要一个养鸟房，可使中国的鸟类能集居于此，同时还要有一个动物部。

极为显然，这样的设想需要有足够的占地面积，风格上也不再是单纯

"英国式"三个字所能涵盖的。

三部分内容中第一部分，是典型的英国式风格，崇尚自然，有树林、草地、湍流和小湖；讲究乡村野趣，愈是乡村风味愈好，再要一块理想的地点做野餐。这样的情景，今天还常常能在以18、19世纪生活为题材的英国电影中看到，感觉很迷人，很有情调。第二部分植物的园林，说它是中国式风格不太确切，因为不仅在当时，即使在以后很长一段时间，中国人还没有形成"植物园林"的意识。不过，在这一部分构想中，麦克利特别强调中国元素。他的所谓植物园林，目的是要"成为世界上最大的最有趣的中国植物标本园林"。至于第三部分，广大的草坪和植树夹荫大道，法国式园林有这样的要求，推而广之，整个欧式园林也离不开这一点，包括英国式的。同样在这部分内容中，中国元素又一次被凸现，"必须要一个养鸟房，可使中国的鸟类集居于此"。

自上海开埠以后，中国人屡遭歧视，与"犬"列为同等待遇，忽然间中国的东西受到如此重视，真让人有点受宠若惊的感觉。

应该承认，麦克利视野开阔，气魄宏大，其建园构想是大手笔的一次纸上预演。假如一切顺利，假如麦克利的建园构想能得到全部实现，今天的中山公园会以另一种更"显著的风格"呈现在世人面前，可惜这份建园构想未能全部实现。

原因是复杂的。

其一，改扩建工程时间拉得过长，各种设想逐年进行，规划中的景区界限被打破，景观建设不同程度受到影响；其二，20世纪前50年，风起云涌，时局演变此起彼伏，改扩建工程一再受到干扰。

无法想象，一座公园住进端枪的大兵，成了兵营，而且长达十余年之久，会是一种什么样子，但这却是无法抹去的客观存在。

1927年初，北伐军逼近上海，英租界当局十分恐慌，赶紧增加驻军，以防止到手的利益受到侵犯。2月21日，英国驻上海领事致电工部局：值此非常时期，希望工部局能在兆丰公园建一座英军兵营，因为这里接近租界边境，适宜英国执行防备的地方，军队在公园宿营是一个切实的方案。

接到实际上是命令的这则电告，工部局不敢懈怠，立即在公园里建了五幢兵营，周围用篱笆围了起来。英军进驻兵营，巡逻兵一小时巡逻一次，严防有人进入篱笆内。原本一座供人游览的美丽园林，几幢兵营忽然横立其中，大煞风景，公园建设一度被迫停止。

北伐战争后，驻园英军撤走了一部分，到1940年10月才全部撤完，前后时间长达13年。那五幢砖木结构的平顶房兵营，如今只剩下一幢，在公园后半部西侧，算是那一段不堪回首的历史留下的一个见证。

另一段历史，对公园的破坏更大。

1940年12月，太平洋战争爆发，日本侵略者取英国殖民者而代之，指使上海汪伪政权"接管"兆丰公园。为消除租界的西方文化痕迹，汪伪政权大规模更改马路名称，1944年6月23日，以纪念孙中山为名，将兆丰公园改名中山公园。

然而，历史的发展已不允许一个殖民者代替另一个殖民者。

1945年8月抗战胜利，国民党上海政府工务局接管中山公园，麦克利建一个"世界上最大的最有趣的中国植物标本园林"的构想，此时已初见蓝图。在此基础上，工务局计划将整个公园改建成全国树木品种最多的"植物标本园"，因而大量引种树木，仅从东南各省就引进200多个品种，植物园面积扩大到6万平方米，按物种进化次序将移植的树木分类聚栽。只是这样大好的发展时机未能维持多久。上海解放前夕，为防止解放军进攻，国民党军队修筑防御工事，到公园大量砍伐树林，使公园遭到自建园以来最为严重的破坏。

麦克利的建园构想屡遭坎坷，但如同马拉松赛跑一样，因为有一个既定目标,虽然跌跌撞撞,没有争到第一,最后还是能到达终点。经过时断时续的改建扩建,到20世纪30年代,各个景观分区及园林设施基本建成,第一座公共动物园,拥有100多种树木的山地植物园,利用原陈家池河道改建的园湖,地势起伏的大面积草坪,由土方、石方堆造而成的西假山,为适应不同国籍游客观赏要求特别辟建的中国园、日本园、蔷薇园、月季园,以及西洋古典式大理石石亭、半喇叭形露天音乐台等景观先后建成,形成以英国式自然风景为主体的、又富有异国情调的园林布局。

在这一布局初见端倪时,1931年出版的《上海志·上海园林》对公园景观作出了如下评价:

> 极司非尔公园位于沪西,为公共租界公园中之最优美者。园中布置,合东西洋美术之意味,冶于一炉,有吾国名园之幽邃,有日本名园之韵味,而园中大体格局,又莫不富于西方之情趣。

这是一个恰如其分的公正评价。

英式风格中兼具多样文化内涵

新中国成立了,中山公园迎来了新的发展时期。

从开园至今,近百年发展历史分成前后两个发展阶段:前35年,麦克利的构想奠定了公园的发展基调;后60年,没有抛弃过去,另辟蹊径,是在既定格局下完善开拓,实现了与历史的对接。

于是,今天的中山公园,已成为一座以大树、草坪、山林、水面等自然风光为特色,在英式风格中兼具多样文化内涵的城市园林。

麦克利如果九泉下有知,相信他会发出微笑,感到欣慰的。

多说无益,还是稍稍领略一下那些有着不同文化内涵的美丽景观吧。

大理石亭、半喇叭形音乐台、大草坪、大石桥、后园门等景区，是精心保留下来的英式园林造景艺术的杰作。

大理石亭，不是公园原有的建筑景观，是一位名叫嘉道理·爱斯拉夫人的外国侨民，1935年赠送给公园的。它原本可能是某幢欧式花园别墅草坪上的一个凉亭，怎么会流落到爱斯拉夫人手中，包括它的建筑年代，已无从考察。它园龄不长，可具有古罗马廊柱式花园建筑的特征，放置在具有英式风格的园林中，神韵毕肖，与周围的典雅环境合成一体，很得游人喜欢。

嘉道理·爱斯拉夫人很有艺术眼光，功不可没。

* 大理石亭，又名石亭夕照

大理石亭呈长方形，长18米，宽5米，高4米，其中平台部分长15米，下有6层台阶，亭顶为棚架，有紫藤盘绕，春日繁花满架，惹人喜爱。整座石亭以平台为中心，集亭柱、石壁、花盆、栏杆、石像雕塑于一体，一座典型的古典主义园林建筑，具有很高的艺术观赏价值。2002年，公园管理部门对大理石亭景区进行改建，亭前广场铺设大理石地坪，以园道悬铃木和大理石球相隔，亭后仍以龙柏树为屏障，丰富了景区空间层次，洋溢出浓郁的欧陆古典主义的园林情调。

每当春秋之季或夏日傍晚，老人们三两相聚，在亭中对弈，在亭前广场絮语，半空中的西阳洒下一片光辉，金色笼罩在老人们身上，像是一幅夕阳晚景的油画，意趣盎然。或许正因为如此，大理石亭有一个诗意般的别称——石亭夕照。

1999年，大理石亭被列为上海市近代建筑保护单位。

从大理石亭往南是公园最大的东草坪。以英式风格为主的各景区，每个景区都有一块草坪，它们有的视野深阔，绿化富有层次；有的树荫浓密，景物发人深省。惟有东草坪最大，8 000平方米绿草如茵，绵延开阔。其北面是大理石亭；南面是大石桥景区的陈家池，一片水面平静如镜；东面是日本园的樱花林，花开时像一片雪海；西面是西草坪，一样的葱绿如毯。曾经的植物标本园，经近百年的移植、调整和更新，共有乔灌木52科，103个品种，大多聚而成林，树龄一般在50年以上，树形苍劲。其中的夹竹桃林、香樟林、广玉兰林、香榧林、雪松林、银杏林等，团团围在大草坪四周，形成轮廓优美的景观，极富自然风光，是全园景区的精华。每逢节假日，爸爸妈妈、爷爷奶奶或外公外婆，领着孩子在草坪上席地嬉戏，其乐之融融，诠释了一个主题——园林，让城市生活更美好。

再看看喇叭形音乐台，状如半弧形，如同半个喇叭，穹顶有较好的音乐反射效果，台宽17米，高8米，台上是乐队演奏的乐池，台前是草地广

* 上世纪30年代的陈家池

* 重建的音乐亭

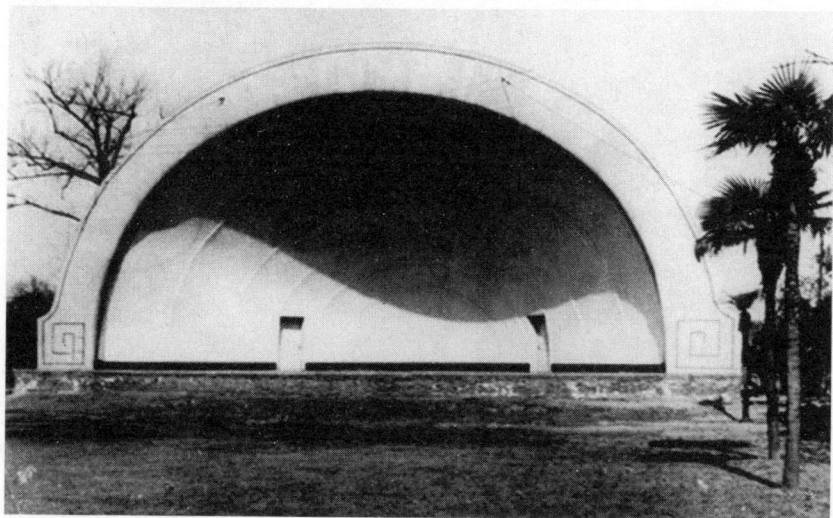

场，备有1 800个椅子。定期在公园内举办西洋风味的音乐会，是英式园林的一大传统。最先从黄浦公园开始，1923年兆丰公园建立半弧形的音乐台后，渐渐地，黄浦公园音乐会的听众流向了兆丰公园，兆丰公园成为租界举办消夏音乐晚会的主会场，盛况空前。文化大革命中受"左"的思想影响，音乐台被拆毁，欣慰的是前几年又重建音乐台，依然是半喇叭形，依然是在草坪前，与昔日的风采一模一样。建成伊始，一场德国爵士音乐会在音乐台演出，旧景新生，相信曾经有过的辉煌会慢慢再现。

跳出英式风格的景观区，去看中国园景观区。所谓中国园，并没有传统的亭台楼阁，有的只是花——荷花、牡丹花、月季花，也有六角亭，那至多是个景观小品，不代表传统的中国园林建筑。

* 牡丹园

中国园景区包括牡丹园、荷花池、月季园、鸳鸯湖、六角亭等景观。

先去牡丹园。牡丹花是国花，国色天香，象征富贵。天下牡丹数洛阳，洛阳牡丹名扬中华。没人想到，牡丹园中的牡丹正是洛阳花工培育的名品"法华牡丹"。故事的年代有点远。南宋初年，洛阳花工到上海避难，将洛阳牡丹带到法华镇。此后几代花工前仆后继，悉心培育，首创了用著名的扬州芍药进行嫁接，育成了以盆栽为主的精品牡丹，到明代即以"法华牡丹"驰誉江南，清代又以法华镇"纵溪八咏"之一的"殿春花墅"风靡沪上。"殿春"是牡丹的别名。中山公园一带，古时属法华镇。兆丰公园开园第三年(1916)，园中就建有牡丹亭，1956年正式辟建牡丹园，是上海最早的牡丹观赏园地。4 000平方米的园中面积，有大小牡丹花坛15座，共30多个品种。园内深处是绿树围护的牡丹亭，牡丹夹道而立，含苞怒放，各展风姿，在两侧如茵绿草的相衬下，"花中之王"的牡丹显得格外富贵。牡丹园不仅仅是牡丹，还有芍药、山茶花、杜鹃等数十种花灌木，形成特色鲜明的庭园景色，大有昔日"殿春花墅"的古风遗韵。

总之，游了牡丹园，再不用去洛阳了。

同是花的园地，月季园不同于牡丹园，它聊发人的情思遐想，成园也早于牡丹园。具体年代是1916年，几乎与整座公园同龄。园中收有165个月季品种，是上海著名的月季培育园地。解放后两次扩建月季园，面积增至3 300平方米，有300多个品种、2 000多株月季，成为月季家族的世界。花开时节，满园姹紫嫣红，芳香馥郁，徜徉其间，如醉如痴，神思遐想，不知今日是几时，不知什么时候该回家。

此时，又成了爱好摄影者的节日，他们身背"长枪短炮"，从四面八方赶来，齐聚月季园……是公园的一道美丽风景。

当然，荷花池的亭亭玉立，陈家池的杨柳轻飘，青竹弄影……也是一律的中国风格，不能再细观慢品了，下面还有不得不去的日本园。

上海没有日本租界，太阳旗跟着米字旗、星条旗进入上海。日本侨民到上海大都住在虹口区，英租界、法租界和美租界中心区域，日本侨民不多。奇怪的是，19世纪20至30年代，到兆丰公园游览观光的外国游客反以日本人为多，他们携家带口到公园内野餐。为了迎合日本游客，租界工部局专门聘请日本横滨园艺师到上海，设计建造具有日本风格的公园景观，于是有了日本园，地点在园的东北部。园中最具特色的是樱花林和带状假山游览区。

　　一路走来，浏览不同的景观，实质是感受不同的文化。来自不同特色地域、不同历史传统的文化，相对从容、平静、理智地融汇在一起，无法不让人不感到惊叹！这是上海的一大特色！

　　时过将近百年，为什么中山公园会年游客量高达500万人次，从中人们找到了答案。

　　（注：除历史资料照片外，本节照片均为中山公园提供）

第三章

远去的历史与消失的名园

说不出的惋惜，这么一批名园，短则二十余年，长则五十年不到，竟随历史的远去而废圮消失，其中梓园、徐园、敏园、丽娃栗妲村，均毁于「八一三」日本侵略者的炮火……时至今日，空留下半淞园路、愚园路路名供人凭吊。

近代上海，一座全方位开放的城市。特殊的政治背景，得天独厚的地理位置，一方面给上海带来了屈辱和灾难；另一方面，也给上海经济发展带来了生机与活力。至迟到19世纪六七十年代，上海快速崛起，成为全国最大的经济、金融和文化中心，城市人口也跟着急剧增长。所有这一切，都为上海园林发展提供了有利条件。

恰在此时，侨民公园适时建成开园，西方公共园林的概念引入上海，随后问世的一批私有园林纷纷仿效，以经营为目的，向社会公众开放，上海园林进入了鼎盛发展的新时期。

据不完全统计，从光绪八年（1882）至20世纪一二十年代，先后有申园、张园、徐园、愚园、大花园、半淞园、哈同花园、丽娃栗妲村等私有园林建成开业，这还不包括老城厢内由宅园改建的私有园林，如梓园等。

时代不同了，打破封闭，公开营业，新式私有园林风格上追求中西兼顾，功用上融园林、观剧（影）、餐饮、游艺、住宿于一体，成为上海各界人士游乐与举行多种社会活动的重要场所。"周末假期，车马交集，仕女纷沓。"媒体的描述，点出了它们受欢迎的程度，不仅是上海游客，还有外国名流的格外赞赏。

著名物理学家爱因斯坦1922年11月第一次来上海，向接待他的主人提出，希望能领略中国"烹饪、戏剧和园林"的魅力，主人安排他去了梓园。稍后不久，著名哲学家罗素也来到上海，游览半淞园。既熟悉又陌生的园林风光，让他们欣喜不已。熟悉的是小洋楼、十字架和弹子房，陌生的是亭台楼阁、假山湖水，说是中国园林，实质是中西合璧，幽静雅趣，精美绝伦。

爱因斯坦在梓园参加了园主人王一亭的家庭晚宴，中国烹饪、中国家庭寓所、难得一见的中国名画，给他留下了深刻印象，他心情大悦，回国第二年就发表了著名的《相对论的基本思想和问题》。罗素在半淞园游玩两个多小时，"沪上难寻山水胜，清幽且入半淞园"，园中有山有水，乐得他不知往返。

还是半淞园，1920年5月8日上午，毛泽东在园中欢送即将赴法国勤工俭学的新民学会会员，同时讨论学会会务。在《新民学会会务报告》第一号中，毛泽东记下了那一天的活动情况："……中午在雨中拍照。近览淞江半水，绿草碧波，望之不尽。"这张雨中照片，50年后重新被发现，成就半淞园一段佳话。

半淞园园名取自杜甫诗句："焉得并州快剪刀，剪取吴淞半江水。"苏州河，原名吴淞江。唐时，江面宽达二十华里，灌溉、水产极其丰富，江中风高浪急，易造成船只翻倾，因此才有杜甫的诗句。1918年建半淞园，离江南造船厂不远。毛泽东所写，"近览淞江半水，绿草碧波，望之不尽"，正是在半淞园中看吴淞江江景。

说不出的惋惜，这么一批名园，短则20余年，长则50年不到，竟随历史的远去而废圮消失，其中梓园、徐园、敏园、丽娃栗妲村，均毁于"八一三"日本侵略者的炮火……时至今日，空留下半淞园路、愚园路路名供人凭吊。

虽然如此，还是无法忘却哈同花园和张园。前者园主是洋人哈同，聘中国人设计，以中式风格为主；后者园主是上海富商张鸿禄，聘西洋人设计，以西式风格为主，洋、中互易，成东、西方文化交汇渗透典型个案。两园在当时的上海，盛极一时，极尽风光，留下许多无法抹去的往事。

第一节　海上大观园：哈同花园

哈同花园，又名爱俪园，1909年建成。以中国式建筑和园林风格为主,吸收西洋、日本建筑和园林风格,80余处景观,有"海上大观园"之誉。1941年太平洋战争爆发,毁于日军炮火与火灾。原址现为上海展览中心。

铜仁路,静安区一条短而狭窄的马路。它贯穿延安路、南京路和北京路三条上海的著名马路,但许多人就是说不清它的具体方位。紧邻铜仁路东侧是上海展览中心,有人便以它来代替铜仁路所处的地理位置。

这么第一条不起眼的小马路,六七十年前在上海却是无人不晓,不过那时不叫铜仁路,而叫哈同路,一条用外国人名字命名的马路。这还不算,同样是紧邻马路的东侧,那时是座花园,叫哈同花园。一个外国人,用他的名字作路名又作园名,非同寻常。旧时的上海,有用洋人名字作路名的,也有用洋人名字作洋行、公司或商店名的,只是一名多用的情形并不多见,即便有,声名也绝没有像哈同那样显赫响亮。

今天,对于"80后"、"90后",甚至"70后"那一拨人来说,哈同是完全陌生的。哈同其人,是男是女? 全然不知! 哈同路和哈同花园在哪儿? 更是闻所未闻。可对于年纪稍长的大多数上海人来说,哈同其人其事依然记忆犹新:哈同,一个到上海寻梦,又在上海创造奇迹的英籍犹太人!

"十里洋场"与"冒险家的乐园"

上海开埠与租界建立,人称"十里洋场",典出最初的英法租界共长约十华里。有了这"十里洋场",世界各国各色人等纷纷涌入上海:实业家从中寻找到的是无限商机,政治难民从中发现的是栖身之地,传教士从中看到的是传业布道的机遇。还有外交官和跳舞女,身份从"高贵"到"卑贱",应有尽有。这样,上海又被称作是"冒险家的乐园",不同肤色、不同职业、不同年龄与性别的各色人等,借着各种机会投奔"十里洋场",

寻找他们的理想（人生）之梦。

外国人源源而来，数量增长之快是惊人的。

1843年，上海开埠之初，外国人总数仅26人。1900年，外国人总数7396人。到1942年，外国人总数猛增到150931人。从1843年到1942年的100年间，平均每年增加1500人，分属英、法、美、日、德、俄、意、波和印度等40多个国家，演绎了一道国际人文景观。而哈同，正是闯荡"十里洋场"，在"冒险"中寻找"理想"（人生）之梦的外国人大军中的一个。

"我小时候很苦，经常拾破烂，捡煤核，找瓜皮烂菜……"后来发迹的哈同谈起小时候的一段生活，说过这样一段话。综合多方面看到的资料，哈同说得是真实的。

1849年，哈同出生在伊拉克的巴格达，父亲爱隆·哈同是英籍犹太人，在巴格达的英商沙逊洋行当一名小职员，靠微薄的收入养家糊口，日子过得十分艰辛。5岁那年，沙逊洋行迁往印度，哈同一家随洋行一起到了印

* 哈同（1849—1931）　　　　　　　　　* 罗迦陵（1864—1941）

度孟买。不幸的是，父亲很快去世了，全家人的生活雪上加霜。童年时代的哈同要照顾妹妹，还要帮助母亲做些杂活，才能勉强维持一家人的生存。好不容易熬到20岁，母亲又因病辞别人世。维系一家人的精神纽带断了，四个哥哥弃家去寻找自己的前程，哈同和年幼的妹妹在饥饿中挣扎。

孟买待不下去了，兄妹俩流浪到中国。他们先到了香港，哈同没找到工作，被迫辗转来到上海，开始了他在"十里洋场"的冒险生涯。

19世纪70年代的上海，到处充满了机遇。经父亲一位同事的热心帮助，哈同为外滩的沙逊洋行看守大门。这是一个职位十分低下的工作，也是哈同到上海找到的第一份工作，生活总算有了着落。

按中国人的传统说法，穷人的孩子早当家。身为伊拉克流浪青年，哈同似乎也懂得这一点。生活的艰辛教会了他许多东西。哈同谦让谨慎，办事勤快，为人朴实，深得洋行职员的信任。一位管事的见哈同忠于职守，出面保荐哈同当了助手。没过多久，洋行的一位大班看中哈同，派他看守鸦片仓库，兼任保管之职。这个职位除每月固定的收入大大增加外，另有额外的收入——购买鸦片的"烟土商"为使货物尽快到手，会事先疏通他，暗中塞给他银两。哈同省吃俭用，不嫖不赌，每月将积聚下来的银两买下零散的小块土地，顺带放些高利贷。

黑色的交易自有黑色的规矩。哈同发迹的第一桶金，并非全是劳动所得，其中有来自烟土商的贿赂和私放高利贷的盘剥，财富积聚显得并不那么干净。只不过，在一个盛行弱肉强食的年代，个人的这点敛财手段无须多加指责。对哈同来说，重要的是如何等待和抓住机遇！

1883年，35岁的哈同遇到了影响他后半生生活的一个重要女人罗迦陵。

罗迦陵是个"混血女娃"，父亲是一位法国水手，中文名叫罗路易，母亲是福建人，名叫沈大姑。"混血女娃"生下时取名俪蕤·罗诗，后改名罗迦陵。4岁那年，父亲随商船回到法国后再没来到中国，沈大姑和女儿被遗弃了。从此，罗迦陵和母亲相依为命。罗迦陵11岁那年，沈大姑忧郁成疾离别了人世。艰苦的生活使罗迦陵变得早熟、聪明、机灵，为了生存，她卖过花，做过女佣，在专供外国人寻欢作乐的妓院里做过"大姐"。认识哈同时罗迦陵刚20岁，相仿的人生经历、低下的社会地位，以及共同受歧视的民族意识，成了两人相爱的"红娘"。通过一些小事的考察，罗迦陵认为哈同是个"有出息、有作为"的人，她同意嫁给哈同。

1883年，哈同和罗迦陵结婚建立家庭，罗迦陵一心一意帮哈同发家，成了"哈同王国"里名符其实的管家；哈同对罗迦陵百依百顺，敬若神明，两人共同创造了上海滩的一段奇迹。

机遇终于来了！

1884年，中法两国南方开战，70多岁的老将冯子材在广西镇南关外与法军展开生死搏斗，取得震惊中外的镇南关大捷。这场战争前后，上海"十里洋场"的洋人惊慌失措，他们预测清政府会乘机强硬，对租界不利，不少大亨迁居海外或者回国，致使市内许多地方人去楼空，房地产价格大跌。

关键时刻，哈同显露出他独到的眼光和过人的精明，他不顾沙逊洋行大班要他离开上海到香港另辟天地的命令，镇静地坚守上海。在他看来，这是千载难逢的发财好机会，他白天以低价吸纳别人不要的土地，晚上数着到手的地契乐得睡不着觉。

面对纷乱的局面，罗迦陵坐不住了，她劝丈夫谨慎行事，以防不测。哈同不但不听，反开导妻子，外国人不会放弃中国这块宝地，动员罗迦陵拿出自己的"私房钱"，让他去买房买地。罗迦陵为丈夫的自信所感动，她把自己所有的存款、首饰悉数交给哈同，表示对丈夫的全力支持。

这一回,哈同真是"冒险"了,他决心赌一把。

哈同以全部财力低价购进大片土地,和以前零散购买的土地连成一大片,这片土地后来成了上海的闹市中心(现南京东路一带),永安、先施、新新、大新四大公司就诞生在这片土地上。

一切果然不出哈同所料,镇南关军民大捷,并没有鼓起腐败的清政府多少信心,为了维护自己的统治,他们不顾中国军民的反对,以战败国身份和法国签订了屈辱的《中法合约》。消息传出,上海"十里洋场"的洋人们笑逐颜开,趾高气扬,迁居海外或回国的大亨们重新回到上海,继续做发财美梦!

哈同赌赢了。他坚守有功,以"租界土地捍卫者"的资本,荣任法租界公董局的董事,正式加入了英国籍。他低价买进的大批土地,成为抢手货,价格成十倍地增长。

权势和财富双重丰收,哈同发财的门路越走越宽。为了疏通外滩到今西藏路那一段的交通,他自愿出资60万两白银筑路通车。路筑成后,他将手中的土地供人开店造屋,从中谋取高额租金。如此时间不长,今西藏路一带迅速繁华起来,哈同名声大增。时人为此编了歌谣,传唱他名利双收:"哈同哈同,与众不同;看守门户,省吃俭用;攒钱铺路,造福大众;筑路筑路,财源亨通。"

1901年,哈同脱离沙逊洋行,自立门户,在今南京东路建哈同大楼,开哈同洋行,专做房地产生意,年收入高达500万银元,一时声名远扬,有"地皮大王"、"远东第一流富翁"之称。

从为了衣食温饱由印度孟买流浪到上海,从一个洋行的看门人到租界的豪富,哈同所用的全部时间不到30年,这说明——上海,"十里洋场"的确是冒险家的乐园!

有了身份,有了财富,哈同根据夫人罗迦陵的旨意,将原来买下准备做地皮生意的静安寺附近的300多亩土地,划出171亩造了一座公园——1909年,哈同花园正式登场亮相!

名实相符——海上大观园

20世纪头一二十年,在静安寺一带不算大的区域里,可谓名园荟萃,张园、愚园、徐园、辛园、丽都花园等,一座座新式私家园林各领风骚,竞相媲美。然而,等到哈同花园落成,它的豪华、阔绰、张扬和影响,远超其他私园。"张园空旷愚园雅,不敌犹人爱俪园",流传于坊间的这则打油诗,指出了哈同花园当时独占鳌头的突出地位。

哈同花园大门 *

爱俪园即哈同花园,1909年建成,设计者为花园取名,从哈同全名欧爱司·哈同和罗迦陵原名俪蕤·罗诗中各取一字,合成园名叫爱俪园。习惯上,人们一般多叫哈同花园。

前后耗时八年而成的这座私家园林,80余处景观,以中国风格为主,兼及西洋、日本风格。《上海园林史话》在谈到哈同花园时写到:

全园分内园、外园两部分,掇山理水,地形曲折起伏,楼台金碧辉煌,亭阁古色古香,溪地碧波荡漾,山石玲珑剔透,花木四季迭开,景色丰富多变。……设计手法上虽无高超手笔,但中西结合,兼收并蓄,洋洋大观地反映了当时华洋杂处,中西文化渗透交融的时代特点。

一园之中,能有如此景观特色,称其为"海上大观园",确是名实相符。

哈同花园名义上不对外开放,专供哈同夫妇居住敬佛。但成园之后,政要名流、遗老文人,频繁往来居住园中;赈灾募捐,做慈善事,设专场演出,园内园外人员川流不息;办义学,开书画、绣品展览,培养专门人才;还有收养尼姑和破落的书香人家妇女,信佛诵经,暮鼓晨钟。种种做法,表明哈同花园实际上是一座开放的私家园林。惟与其他私园不同的是,它并不以经营为目的。哈同夫妇是富人中的富人,他们无须借园林以营私,为自己的财富添砖加瓦。

以世俗的眼光看哈同夫妇,不免觉得他们行为颇多乖戾,为常人所难以理解。比如,发迹后的哈同,依然生活节俭朴素,早餐是"几片面包,一杯牛奶",中午仅"一菜一汤",能塞饱肚子就行。倒是罗迦陵行事铺张,挥金如土。一转眼到了1922年,71岁的哈同与59岁的罗迦陵庆贺两人"百卅大寿",园内楼台高筑,名流竞附,场面奢华,盛况空前。夫妻两人年龄相加,共祝大寿,即便在特别重视红白喜的中国也是闻所未闻,何况是一对异国夫妻!

再比如,哈同的血管里流的是犹太人的血,罗迦陵的血管里流的一半是法国人的血,两人都文化水平不高,罗迦陵甚至目不识丁,可他们偏偏爱与文化人交往:康有为、郑孝胥、罗振玉、王国维、章太炎等大儒是他们的座上之宾;乌目山僧黄宗仰帮助设计爱俪园;出巨资收集河南安阳出土的大批甲骨,供著名学者罗振玉在园内整理研究;创办佛教"华俨大学"和"仓圣明智大学",国画大师徐悲鸿在园内执教。个人状况与行为反差之大,难怪有人感觉不可思议。

但是,如果在一个大的时代文化背景之下,结合哈同夫妇的坎坷人生,考察他们的所作所为,一切又变得顺理成章了。

犹太人没有祖国。哈同出生在伊拉克巴格达,巴格达当时名义上属于土耳其。成年后哈同加入英国籍,却从没有踏上过英国本土。终其一生,哈同从印度流浪到中国后,再没有离开过。罗迦陵虽是个"混血女娃",但她生在中国,长在中国。这对异国夫妇实际上深受中国传统文化的影响。除此之外,两人从小没上过学,缺吃少穿,生活凄苦,屡遭歧视,因而笃信佛教,时时祈求神灵的庇护。所以,一旦人生命运获得重大转折,他们热衷中国文化,好和文化人相处,资助文化事业,办学校做善事,拜倒在神灵脚下,就成为他们的必然选择。

基于这样的认识,回过头来看哈同聘请黄宗仰设计、建造爱俪园,那是一种心灵的沟通。认识哈同夫妇前,出生江苏常熟的黄宗仰是金山寺的一位知客僧人,外号乌目山僧。他自幼父母双亡,吃尽甘苦,少时受教于一名学问高深的佛门禅师。禅师教他学佛经,读《四书》、《五经》,培养他高雅的情趣,学写诗作画。在黄宗仰的学问达到一定根基时,禅师又送他到日本留学,深入研究佛教经典。1896年,黄宗仰学成回国。凭他气度不凡,才学深广,落脚金山寺做了知客僧。

人世间的许多事,必然的结果往往由偶然因素引发出来。

有一年,哈同夫妇到金山寺拜佛敬香,遇到了黄宗仰。仿佛是上帝安排的一样,知客僧的童年遭遇、深厚的传统文化根基、开放的思维与视野,以及对佛教教义的深刻理解,让双方擦出了心灵的火花,哈同夫妇,尤其是罗迦陵,视黄宗仰为天人,顶礼膜拜,虔诚有加。

接下来,双方的联系都变得更加紧密了。哈同夫妇盛邀黄宗仰到上海；知客僧像遇到第二个禅师一样，视哈同夫妇为恩人，欣然南下来到上海。当哈同夫妇决定造一座花园时，黄宗仰当上了"建园总设计师"。

根据哈同夫妇的意愿，黄宗仰设想建一座中西结合的新式园林。首先，要有中国式建筑和一座像样的西式楼房；其二，亭台楼阁、湖泊石山和花草树木必不可少；其三，要有一座像样的寺院，内有佛经堂；最后，少不了还要有日本建筑，他是留学日本的。这样的构想，立即得到哈同夫妇的认可。然后，他组织人平坟地，掘湖池，堆假山，营造房屋，费时三载，初步成园。在此基础上再经多年扩充增补，累计景观达80余处。

80余处景观，中国式风格的有天演界、文海阁、涵虚楼、海棠艇、迎旭楼、大好河山、黄海涛声等，每处都有达官、名士题写的楹联和匾额。如水木清华亭的楹联："宜雨宜风宜月，可茗可棋可琴"，连景带楹联，诗意盎然。与佛教有关的寺院频伽精舍，内设佛堂；千花结顶七层宝塔矗立池

* 哈同花园园景一角

中，层层喷水。欧式建筑欧风东渐阁，慈淑楼、尘谭室内设餐室和跳舞处。还有日本建筑阿耨池舍……

全盛时期的哈同花园有警卫、管家、仆人、和尚、教师、学生800余人，其规模之大，诸多今日园林，有几家能与之相匹？常言说，事物发展，盛极必衰。可对哈同花园来说，一切都来得太早，也来得太快。

1931年，享尽后半生风光的哈同去世，遗体葬在花园内，时年82岁。10年后，1941年罗迦陵去世，时年77岁。两个月后，还没等花园自行荒芜，太平洋战争爆发了，日军占领租界，花园成了日军的兵营，园内财物被洗劫一空，景观建筑破坏殆尽。跟着几场大火，堂堂"海上大观园"荡然无存，前后存世仅20余年。

1956年，上海市人民政府在哈同花园原址建起了中苏友好大厦，今天为延安西路1000号上海展览中心。

（注：本节照片为历史资料照片）

第二节　社会沙龙：张园

张园，正名味莼园，由晋张翰"秋风起，思莼鲈"典故得名，也称张氏味莼园。19世纪末至20世纪初，上海最大的公共活动场所。游园赏花，观影看戏，照相游艺，演讲集会，展览义卖，包容了各种社会公众活动，有上海社会沙龙之誉。1918年闭园，原址转为房地产开发之用。

和哈同花园彻底消失不同，张园多少留下了些许遗迹。

走进威海路590弄，新旧房屋杂陈，在72支弄内有一幢二层石库门房屋，挂有著名书法家高式雄书写的"张园大客堂"匾额，了解旧上海历史的人看了匾额,知道这里原来是上海著名私家园林张园所在地。但再放眼四望,四周环境怎么看都不像是有过园林的样子,而且是一座有着"上海社会沙龙"之誉的花园。

整个590弄内,石库门房子有好多幢,每幢都有精巧的阳台和木制的百叶窗,每一幢都是单体的,气度不凡,很有些年头。细细品味,它们不像是张园原来的建筑,更像是上世纪初的居民。

挂着"张园大客堂"匾额的那幢石库门房子,同时挂着"南京西路街道总工会"、"社区乐龄家园服务站"、"社区综合服务活动中心"等好几块标识牌,白底红字,非常显眼,"张园"成了群众团体和服务机构的办公场所,与园林没有任何关联。

据资料记载,张园于1918年关门歇业,园址转为房地产开发用地。从年代看,一幢幢石库门房屋像是那个时期的建筑。毕竟原址曾是一座名园,所以挂着"张园大客堂"匾额那一幢石库门的门楣上塑有"张园"两字,以蕴藏昔日的繁华。也许它就是众多石库门房屋中的第一幢,不忘过去的记忆落到了它的身上。这就像上海的许多路,早先是一条条浜,浜填了变成路,路名就叫××浜路了。

以上的文字多有猜测,那幢塑有"张园"门楣的石库门是否真是张园的建筑,留待园林或建筑专家去考证吧,即便不是,有一个"提示"也是好的。从上海园林发展的历史来说,张园不应该被忘记的。

从花园住宅到开放的时尚园林

张园的实际历史远比它作为园林的历史要长。在沪上富商、无锡人张鸿禄（字叔和）买下以前,它是英商和记洋行经理格农的花园住宅。

19世纪70年代初,今威海路、石门一路一带是一片农田,格农向当地农户租了20余亩土地,辟建自己的住宅。格农专做庭园花圃生意,来沪外商的私宅多由他规划设计，临到打点自己的落脚之地，他驾轻就熟，格外精心。在租来的土地上，格农建造洋房，开挖池塘，铺设草坪，堆砌假山，栽种树木，没几年功夫，一座西式花园住宅建成了。但不知出于什么原因，费了一番心血打造的花园住宅，格农没住多少时间就转给了别人。1882年，张鸿禄用一万多两白银购得这座洋人的花园住宅。

张鸿禄头脑灵活，善于经营，喜欢园林。19世纪初他从无锡来到上海，主要做海运和漕米生意，发达后成为轮船招商局主要负责人之一。买下格农的花园住宅，张鸿禄取晋人张翰"秋风起，思莼鲈"的著名典故（不恋官位，退隐山林），取名"味莼园"，又名张氏味纯园。随后的两三年，张鸿禄陆续购进附近农田40余亩，将其和格农原有宅园连成一体，面积一跃扩大到70余亩，位列众华人私家园林之首。

1885年4月17日，张园正式对外开放。

＊海上第一名园: 张园(清末上海年画)

殖民地时期的上海,凡中国人经商贸易取得大成功者,从思想到爱好大多染有洋风洋气,凡事能得风气之先,别开生面。

格农宅园原已具有西式园林景观,成倍扩大面积之后,张鸿禄按照西洋园林风格,增建中西建筑,开沟挖渠,植树种花,又出巨资请有恒洋行的英国工程师,设计建造一幢意为世外桃源的高大洋房安垲第,成为上海最吸引人眼球的宏伟建筑。及至19世纪90年代初,张园以中西合璧式风格特色,名扬上海滩。

遗憾的是,今天已无法身临其境去感受它的魅力,其诸多迷人景观,只能从留存的文字中领略咀嚼了。

——安垲第,位于全园中心位置,上海最高大的西洋式楼厅,四周是两层楼房,当中是主大厅,楼上楼下可容纳千余人。二楼西北角有敞开式

* 当年的安垲第

望楼，站在楼中能一睹全园景色。楼内备有香茗、西点、西餐及中外名酒。面积大而容人多，环境优雅加有吃有喝，政治、民间重大集会常在此举行，寻常之日供游人餐饮、休闲之用。

——大草坪，在安垲第前，广大开阔，可容纳数千人，是举行室外群众集会的理想场所。无群众集会之日，游人在草坪上散座、漫步、游戏，尽情享受满眼绿色和宽广空间所带来的心灵与精神上的放松。

——曲池，综合性水景。池上架桥，岸边种垂柳，池中小岛偏种绿竹。池水中有无锡灯船（水上酒家），供应中式船菜，游人登舟把盏，自斟自乐，雅趣洒脱。

再有住宿的旅馆和茅房、双桥、假山、花溪等景观。

不同于哈同花园的是文化层面，包括信神拜佛，花去不少金钱与精力，张园的设施着眼于围绕游客开展经营，园中的游艺内容尤为突出。

上海开埠不久，随外国侨民的涌入，西方公共娱乐方式跟着进入上海。话剧、杂技、马戏、电影、拍照等，在19世纪末期前后尚属极其时髦的娱乐，电影院、照相馆、夜总会、游乐场、跑马场陆续开业，生意红火。而所有这些，张园自开业起全部引入园中。游客买一张票进园，既能赏玩园景、聚会餐饮，又能在园中看马戏、看电影、拍照片、玩游戏，玩了一天兴致不减，当晚住在园内，第二天接着再玩。因之，张园成为近代上海的时尚之源。

对此，上海图书馆研究馆员张伟在其所著《满纸烟岚》一书中谈及张园的时尚娱乐时写到：

当时，张园是最吸引公众的娱乐活动场所，园内花草怡人，景色优美，并设有专业的戏台，轮番表演各种戏曲和歌舞节目；宽敞的园林中露天陈设有各种新潮的游艺设施，供游客游玩赏奇；园中还设有电影院、照相馆、商场、茶肆和中西餐馆及各种零食小吃摊,让人边吃边玩,乐而不疲……
这种集各式娱乐功能于一园的大众化娱乐方式,是十九世纪末随着上海
城市商业经济繁荣发展,市民消费热情日益高涨而出现的,是一种历史的
必然,张园则有幸成为主力军担起了这个功能。

随便举个例子,就说电影吧。

1895年12月28日,世界电影史上的一个伟大日子。这一天,法国里
昂青年卢米埃尔兄弟在巴黎一家咖啡店内放映了《卢米埃尔工厂的大门》
等几部世界最早的影片,而且是营业性的放映。世界各国因此公认,这一
天就是电影时代的开始。

即使在今天看来也会有点让人惊讶不已,仅仅一年时间不到,1896年
8月11日夜晚,在上海徐园又一村,法国文化商人放映电影《马房失火》
等十余部短片。这是上海第一次放映电影,也是中国第一次放映电影。
为了这次放映,徐园事先在上海《申报》刊登了广告。

步徐园后尘,1897年初夏,张园开始在园内放映电影,并渐渐成为吸
引游客的一张王牌。

一门在西方刚刚问世的娱乐艺术,如此快速地传入上海,足见上海领
世界风气之先,同时又足见上海营业性私园领上海风气之先。

张鸿禄的眼光和气魄,使张园开园不久就成为上海最大也是最有特
色的华人私家园林和公共娱乐场所。

社会公共集会活动的沙龙

沙龙二字,原指17、18世纪法国巴黎的文人和艺术家常在贵族妇女的
客厅集会谈论文艺,后来引申为文人雅士聚谈的场所,再进一步引申为社
会公众活动形式及其具体地点。

张园地处市中心,交通便利,园内屋宽地广,中外风味吃、住、玩一应俱全,且引领风气之先,一度成为上海各界集会、演讲、展览的重要活动场所。

清末民初,内忧外患,中国社会处于动荡变革之中。对内反封建帝制,对外反侵占反掠夺,政治事件频频不断。当时的上海,社会开放,信息畅通,思想活跃,爱国热情高涨。在张园,爱国志士探求救国救民的道路,公众聚而声讨抗议,政治集会活动接连不断。

下面,不妨从相关资料中信手拣出几例,以见一斑。

其一,光绪二十八年(1902),蔡元培、章太炎等著名人士在沪成立上海最早的资产阶级革命团体——中国教育会,并创办爱国学社。每逢周末,教育会和爱国学社的青年汇集张园,以安垲第大厅为讲坛,痛陈民族危亡的形势,抨击清王朝的腐败黑暗。影响所及,各地学生纷纷来沪参加爱国学社的活动。该社在张园集会欢迎从南京陆师学堂退学和从日本留学归国的学生,其中有"革命军中马前卒"邹容。

其二,光绪二十六年(1900),八国联军入侵中国,沙俄乘机抢占东北三省。是年年末,沙俄向清政府提出十二条,企图剥夺中国对东北三省的主权。消息传出,上海爱国民众千余人,在隔年一二月间,两次在张园举行拒俄大会。大会致电政府,请求拒绝与沙俄签订条约,另致电中外团体、机构、人士,抗议沙俄侵略。光绪二十八年(1902),沙俄与清政府签订交还东三省条约,事后又出尔反尔,拖延不肯履行,激起爱国民众的强烈愤慨。中国教育会会同在沪的十八省爱国人士1 000余人,于次年四月初一在张园再次举行拒俄大会。与会人员自发为东北人民捐款捐物,共同商议组织拒俄义勇队奔赴前线。

其三,民国四年(1915)3月18日,上海国民对日同志会等为反对袁世凯签订丧权辱国的二十一条,在张园召开国民大会,与会者多达3万人。大会通过了致电北京政府及各省,提倡国货和设公民捐献处等六项决议。

类似的政治集会还有拒法大会、追悼秋瑾大会、欢迎孙中山大会等,它们或盛赞革命业绩,或呼吁为民主共和而奋斗。尤其是发生在光绪二十六年(1900)7月26日,由维新人士严复、宏闳、唐才常等发起的集会,以挽救时局为名,召开"中国国会",通过了不承认以慈禧太后为首的清朝政府等决议,矛头直指封建统治的头号人物,有鲜明的反对清政府性质,表明反封建反帝制的斗争已进入白热化时期。

一座私家园林,成为社会政治斗争活动的重要之地,可见张园在当时社会上的影响之大,在公众心目中的地位之重了。

除政治集会外,在张园举办的文化慈善活动同样热闹非凡,享尽盛誉。

关于霍元甲闯荡上海的事迹,始终是影视剧拍摄的热门题材。故事不断翻新,情节紧张曲折,主题总离不开弘扬中国武术、不畏洋人挑衅和声张国人威风。但真实的情形并非像影视剧中描绘的那样,那更多的成分是剧作家的虚构。

霍元甲的故事和张园有着密切的关系。清宣统元年(1909),洋人奥皮音在今四川路电影院表演,自诩为世界第一大力士,能一手拉住启动的汽车,也能让载重汽车从他腹部碾过,扬言能打败所有武林高手。霍元甲闻讯,从天津赶赴上海,与奥皮音约定日期在张园打擂比武。不料这位口出狂言的洋人大力士得知霍元甲武艺非凡,竟临阵前逃之夭夭。为了不使民众失望,霍元甲当众表演武术,博得全场上万观众喝彩。第二年,霍元甲再度到张园进行表演,观众依然表现出极大的欢迎热情。

真实的人物,真实的故事,远比杜撰的情节亲切感人。

再一则,清光绪三十三年(1907)春,江淮等地发生水灾,严重饥荒,急需救济。一外国宗教组织"圣保罗会"牵头发起，在上海的欧美各国官商夫人出面联络中国绅商夫人，决定举办一次万国赛珍斗宝大会，陈设各种展览，开展新颖游艺活动，捐赠之物进行义卖，全部收入充作善款，用于救济灾民。经时任清政府南洋大臣端方批准，万国赛珍斗宝大会于5月23日至25日在张园举行。新闻画社当时发行的一则《万国赛珍斗宝大会陈列全图》记载了大会的盛况：

> 园中空地遍盖棚厂，周悬五色电灯，陈列万国精美玩器、顾绣、绸缎以及各种新奇美术出售，并由各国官商及贵绅妇人、清客串戏、弹琴、唱歌，演放各国新到电光影戏、焰火、日本柔术、戏法，兼设博物院埃及古物，洵为数千年来遍地球所创见，亦通商六十载未有之盛举。

和新闻画社的报道不同，当时在中国公学读书的胡适也参加了这次盛会，写了一首《游万国赛珍会感赋》的长诗，抒发他的感想。该长诗中间部分对张园赛珍斗宝的热烈场面作了这样的描述：

> 行行重行行，夕阳已西下。
> 华灯十万盏，熠耀不知夜。
> 尔时方三五，明月皎如银。
> 微风拂襞襀，人影乱轻尘。

这样的场面，这样的评价，作为社会公共集会活动的场所，张园风头之健，几无其他私家园林能与之相比。

20世纪初，正当张园处于全盛时期，张鸿禄将其租给了外国人经营。先租的外国人又将其租给别的外国人，造成园内管理混乱，游客日稀。为重振雄风,张鸿禄将经营权收回,稍加修葺后重新开放。无奈大好时机已逝,再无力挽回颓势,终至营业不振,园容日渐荒废。民国八年(1919),张鸿禄将张园卖给了王姓之人,用作房地产。

算得上是一代名园,从开园营业到闭园卖出,前后仅30年有余,园龄之短,除了感叹惋惜,再无话可说矣!

不过,总算还有点遗存,至少园名还挂在原址两层的石库门房子的门楣上,似在时时提醒过往行人:请别忘了——张园!

据从有关媒体报道中获悉,静安区将启动一系列保护性修缮和设计,让"养在深闺"的张园再现当年繁华景象。

修缮设计方案勾勒出了未来的前景:

在威海路590弄主弄和支弄交汇处,设置指示铭牌,介绍张园历史的同时为游客指点方向,调整张园入口门头,融入石库门建筑特色;在周边设置几组反映历史风貌的仿青铜人像,安装艺术坐椅供人休息;张园的南厅和天井将被布置成"张园风情陈列馆",陈列和展示张园当年的生活用品等实物,以雕塑模型复原历史上的"张氏味莼园"建筑体系,并以图画、照片、视听播放、模拟场景等形式,讲述具有时代代表性的张园故事……

消失的再不会重新再现,真实的张园只能永远地凝结在图片和文字记录当中了。但是,能有一些描述昔日盛况的铭牌、铜像、模型、陈列馆……总比没有的好!可喜的是,不久前在威海路590弄弄口已竖起了有"张园"字样的铁门架,弄底布置了有关张园历史和园容园貌的文字与图片的宣传栏。

谢谢静安区,希望修缮设计方案早日变成现实!

(注:除历史资料照片外,本节其余照片为新拍)

* 有"张园"字样的铁门架

* 关于"张园"历史和园容园貌的宣传栏

第四章

历史翻开了新的一页

新中国的第一个十年，到处洋溢着革命精神和充满蓬勃的生机，反映在园林建设上，新建公园园址的选择有了更多「政治」层面的考虑……曾经打上殖民印记的土地和荒滩野地，一变而成为人民的公园和广场。

1949年10月1日，历史翻开了新的一页。时代更迭，政治、经济、文化、娱乐，一切都有了与以前不尽相同的新的内涵。

结束了长达一百多年的殖民耻辱，上海终于回到人民的手中。为改造旧上海，规划新上海，第一届上海市人民政府确定了"为生产服务，为劳动人民服务，首先是为工人阶级服务"的城市建设方针，并把园林绿化列为城市建设的任务之一。在上海解放一周年之际，陈毅市长题写了"上海人民按自己的意志建设人民新上海"的铭牌，竖在当时汉口路四川中路口的老市政府大楼的门厅里。

这是一个全新的建设理念。贯彻这一理念，上海园林发展不再像古典园林时期那样，为了个人与家族的享受；也不再像殖民时期园林那样，为了侨民的休闲娱乐，人民当家做主的时代，需要供大众憩息、游览的人民的园林。

于是，新的理念化为了一步步的具体行动。

任务十分艰巨。八年抗日战争加五年解放战争，无情的炮火轰毁了不少上海园林。1949年5月上海解放，市区仅有公园14座，总面积65.88万平米，地点大多集中在沪西高档住宅区，劳动大众无法享受美丽的园林给生活带来的无限乐趣。鉴于这种状况，1950—1952三年经济恢复时期，在国家财力还不充裕的情况下，上海园林本着"先求其有，后求其精"的方针，一边恢复被破坏的公园，一边在力所能及的情况下辟建新园。短短三年时间，新建公园9座，重建、扩建公园两座。每当一座新公园建成开放，上海市民蓄积已久的主人翁豪气似涌泉般喷射，人人争相进园游览。

1952年10月1日，人民公园开园接纳游客。来自市内四面八方的人群蜂拥而至，一时间人满为患，超过了公园的承受能力。为避免过度拥挤发生安全事故，有关管理部门不得不临时决定，由对个人开放改为供团体游览。缓冲一段时间后，再次恢复对个人开放，当天游客仍高达40.7万人次。

一座公园，一天游客量有几十万人次之多，在今天是一个无法想象的数字，何况当年上海的全部人口尚远不足1 000万。为了最大限度地满足上海市民的需要，1953年，上海经济进入有计划发展的新阶段，上海市人民政府将园林、绿化建设纳入城市基本建设计划，在每年城市建设投资中都占有一定比例。园林管理部门坚持勤俭办园林，努力节约投资，挖掘土地资源，园林绿化事业得到较快发展。到1958年，又辟建公园15座，公园总数增加到50座，大大改善了城市环境，丰富了人民群众的文化生活。此外，街道绿化、林荫大道和苗木苗圃建设也取得了长足发展。

毋庸讳言，新中国的第一个十年，到处洋溢着革命精神和充满蓬勃的生机，反映在园林建设上，新建公园园址选择有了更多"政治"层面的考虑。跑马厅、跑狗场、外国坟山、侵略者的弹药库，曾经打上殖民印记的土地和荒滩野地，一变而成为人民的公园和广场。不仅如此，在高扬革命的岁月，人民、长风、和平……连园名也有了些许"革命"的色彩。

第一节　跑马厅变迁：人民公园

原址解放前是上海跑马厅，从一般娱乐到球赛、游泳，再到跑马看马，是殖民主义者和买办阶级专有的娱乐与赌博场所。解放后，跑马厅收归国有。1950年9月7日，陈毅市长代表市政府宣布，跑马厅北部改建为人民公园，南部改建成为人民广场。1952年10月1日，人民公园建成对外开放，有"市区绿宝石"之誉。

人民广场，上海最中心的城区，也是上海最热闹繁华的地区。人民公园位列广场北部，正门开在南京西路上。从高空俯视，在四周尽是高楼大

* 当年跑马厅大门和钟楼,现为上海美术馆

厦中的那一片葱翠,特别璀璨耀眼,因此有"市区绿宝石"之誉。

人民广场及其周围簇拥着大量公共建筑,广场内有上海大剧院、上海城市规划展示馆和上海博物馆,它们代表着新时代的广场风貌。广场周边有金门饭店、国际饭店、大光明电影院和远东饭店(今工人文化宫)等历史建筑,它们代表着昔日广场的畸形与豪华。确切地说,人民广场是上海近代与现代的一个缩影,尤其是它曾经有过的特殊经历而更具纪念意义。

最能代表人民广场"昔日的"是坐落在南京西路、黄陂北路口的一座带有英式风格的楼宇——旧上海的标志性建筑。追溯历史,上世纪30年代初,当赌马活动激活了周边地区的繁华兴旺之后,建起了这座跑马总会大楼,作为跑马俱乐部供跑马总会会员享用。大楼高4层,底层是售票处和领奖处,二层是会员俱乐部,设有咖啡室、游戏室、弹子房、阅览室,三层的长廊供会员观看赛马,另设会员包房和餐厅。

解放了,上海市人民政府取缔了跑马厅,相关设施被推倒,园址改建成人民公园和人民广场,独留下跑马总会大楼,先后用作上海博物馆、上海图书馆,现为上海美术馆。

具有古典主义,外立面用深咖啡色面砖和石块交织砌就,底层表面以花岗岩装饰,入口带有巴洛克风格,有着挺拔气派钟楼的这幢建筑,70余年岁月更替,赋予它一种凝重的古朴之美。在周围一系列新老建筑中,惟有它直接见证了广场从近代到现代的历史性巨变;看到它,人们首先想到的是"远东第一"的上海跑马厅——殖民主义者和买办阶级专有的赌博与娱乐场所。

三易其地,从跑马场到跑马厅

跑马是西方人喜欢的娱乐与博彩业。上海开埠,伴随西方侨民的大

* 跑马厅一角

量涌入，跑马业被引进上海，风行一时。

人民广场前身的跑马厅并不是上海最早的跑马场，在它之前已有过第一、第二跑马场，跑马厅实际是第三跑马场。因为占地开阔，加上赛马赌博越来越受欢迎，第三跑马场被称为跑马厅。

从跑马场到跑马厅，三易其地，历时90余年。那是一段由殖民势力扩张、清政府退缩和失地农民暴动交织而成的屈辱历史。这段历史，从一个侧面解读了上海是"冒险家乐园"的形象比喻。

1850年，麒瑞洋行的英国大班在今南京东路、河南路转角处买了80亩土地，办起了第一个跑马场。1851年秋天，上海第一场赛马就在这里举行。后来的两三年中这一带发展很快，各种商店、住宅、公共设施如雨后春笋般破土而出，土地价格暴涨，看到跑马场的经营收入远不及炒作地产,英国大班便以30元一亩的价格把跑马场卖出,而他买时每亩只用了15千文。一进一出,英国大班狠狠地赚了一把。

如果说,第一跑马场遵循的是低价买进高价卖出的亘古不变的交易规则,那么,第二跑马场则是殖民主义者用武力掠夺的成果,多少带有"血"的腥味。

事情的起因是中英间的"泥城之战"。

19世纪50年代初,太平天国运动兴起,上海爆发小刀会起义,借口保卫租界、保护侨民,英国殖民当局成立了武装组织义勇队,欲在今延安中路至苏州河沿西藏中路掘一条堑壕。不巧的是,清朝军队也驻扎在这一带。为扫清障碍,英国领事馆通知清军向后退两里。清军以"官军驻扎之处,乃中国之地"为由,不予迁移,多少表现出一点拒绝任人宰割的骨气。英国海军陆战队和义勇队随即全部出动,向清军开火。清军战败被迫屈膝。因西藏中路当时叫泥城浜,故史书上称中英之间的这场战争叫"泥城之战"。

战争的炮火摧毁了泥城浜附近的农舍村庄,农民弃家四处逃散,英军乘机侵占大片土地,成立西侨总会,开辟了第二跑马场。其具体的位置大致是今湖北路、浙江路、芝罘路和北海路之间,面积比第一跑马场大了许多。

第二跑马场专供外国人骑马、赛马,俗称新花园。失去土地的农民为了生存,采用各种方式进行交涉抗议,直至举行武力暴动,却屡遭强权镇压,一无效果。

一边是无以为生,另一边是为了攫取更大的财富,曾经发生过的一幕再一次上演。

第二跑马场开了九年,周边人口日渐稠密,商业兴旺,土地价格直线上扬,跑马场的主人遂把这片掠夺来的土地高价卖出,得现银近5万两。

中国人的土地,听由外国人抢去做无本生意,租界真成了"国中之国"。

第三跑马场越发戏剧化了,听上去像是天方夜谭,但却是实实在在发生的事情。1862年,一个英国人策马扬鞭,从今新世界出发向西再向南,经黄陂路绕一个大圈子,到西藏南路与延安东路交接处,一路所经各处都立上一根木桩,然后用绳子圈起来,这叫"跑马圈地",圈进的土地成了第三跑马场,总面积430亩,比前第一、第二跑马场加起来的总面积还要大,后来人们称它为跑马厅。

当年,这片土地尽是农田和民居,被圈进的土地,殖民者仅以每亩50千文的代价补偿给300多户农民。农民不肯,反抗斗争持续不断,直到1895年仍有120余户农民坚持不领土地补偿款,他们聘律师向上海道台衙门提起诉讼,沉冤始终没有得到洗刷。

上海跑马厅是当时远东最大的跑马场,每星期都举行赛马,想发财的人买了彩票进场赌马,时时上演着一夜暴富与家破人亡的社会悲喜剧。

* 跑马厅赛马

跑马厅成椭圆形，东西长，南北窄，一边建有两座混凝土梯形看台，供会员和非会员观看。跑马赛马，最初使用的是内、外两圈跑马道，中间的土地荒废不用，农民的坟墓也未迁掉。公共租界游泳总会便先在马道圈内建了上海历史上的第一个游泳池，限外国人入内游泳。接着，公共租界工部局与上海娱乐场基金会协商，租用马道中央的土地，建了一个体育公园，内设网球场、板球场、垒球场、足球场、马球场等。为了不影响赛马，公园内不许种植高大树木，仅允许铺设草皮，种一些灌木，建花坛与花径，同样限外国人游乐，工部局把这片土地叫做公共娱乐场。

1914年，当虹口娱乐场（**今鲁迅公园**）、极司菲尔公园、顾家宅公园先后建成开放后，体育公园的特色渐渐消失，留下的仅仅是一个体育场。

20世纪二三十年代，上海跑马厅进入了全盛时期，一场场赛马吞金夺银，跑马总会发了大财，但此时离它的末日也已经不远了。

1941年12月，太平洋战争爆发，日本军队进驻公共租界，管制英美产业，跑马厅被日军用作兵营，彻底停业解散。

陈毅市长挥笔题写人民公园

1949年5月上海解放，军人出身的儒将陈毅首任上海市市长。具有强烈翻身感的上海人民牵挂着跑马厅的命运，提出了使用这块土地的各种建议。新旧政权更替，刚刚建立的人民政府还来不及对跑马厅的主权归属作出决定。凭着朴素的认识，人们坚信，高鼻子、蓝眼睛的洋人不可能像解放前那样为所欲为了！

然而可笑的是，跑马厅的英国老板偏偏继续做着美梦，他希望在这块土地上建100间房子，由他自由支配使用。

鉴于上海人民的关心，更鉴于老殖民主义者沉醉于美梦不醒，1950年3月6日，陈毅市长发出了铿锵有力的声音："跑马厅原址本市城区规划圈内，早已规定为绿地范围，虽属英国外侨产业，亦不应建房出租，以免影响市政规划。"这一远见卓识的呼喊，被后来的事实证明是一个造福于人民及其子孙后代的重大决策。陈毅不愧为上海市民的好市长，他高大的全身铜像，至今仍巍然矗立在外滩以他名字命名的陈毅广场上。

接着便是喜事连连。同年8月27日，上海市军事管制委员会庄严宣布：收回上海跑马厅主权！被帝国主义侵占盘踞一个世纪的这块土地终于回到人民的手中，百年的屈辱得到洗刷。上海人民奔走相告，欢欣鼓舞。

又过了十余天，陈毅市长郑重宣布：跑马厅北部改建为人民公园，南部改建为人民广场。几个月前的"呼喊"变了目标明确的具体规划。

陈毅市长宣布后的第二天（9月8日），人民广场率先举办开工典礼。当天下着倾盆大雨，2 000名团员、青年冒着大雨，清晨6点赶到工地参加义务劳动。在市政工人和各类义务劳动大军的共同努力下，仅仅用了20多天时间就开通了横穿跑马厅的东西大道——人民大道。这是人民广场的第一期工程，走在这条大道上，人们感到特别的自豪。

人民公园的规划设计要复杂些。其一，要考虑公园的风格定位景观设置；其二，要落实山石、树木和花草。经过专家们的反复论证推敲，最后确定按照经济、实用、美观的原则，采用自然风景园形式：山环水绕，高低掩映。1952年6月3日，公园正式开工营建。

在曾经是殖民者统治的土地上，建设人民的广场和公园，这一决策本身就有着强烈"政治"色彩，而翻身做了主人的市政建设工人，更是有着加倍的自觉和干劲，全身心投入无私忘我的劳动之中。

开工不久就遇到了梅雨季节，下雨日高达27天，之后跟着是强台风袭击，给施工带来巨大困难。为了保证公园能在当年国庆节建成开放，参加建设的工人和技术人员，坚持小雨不停工，雨停抓紧干，只用了85天时间，提前5天完成了全部工作量，保证了国庆节当天如期开园。

数字是枯燥的,有时又最能说明问题。85天施工共出工4.92万人次,完成土方工程4.64万立方米,开挖深3—5米、宽12米的河道长1 200米,铺路2.6万平方米,种树1.34万棵,铺植草皮7.37平方米……在当时技术条件下,内行人一看这些数字就知道多么不容易。

因为是人民的公园,建园所用的248吨假山石大多由市民捐献。不少机关、团体和个人向公园赠送名贵树木,总数达2 000余棵。这一豪情壮举,在此前是绝无仅有的。

公园建成后,陈毅市长挥笔题写"人民公园",60年后的今天仍挂在公园门口。人民的市长,为人民政府建造的第一座人民的公园题写园名,算得上是上海园林史上的一段佳话。

新建的人民公园,布局合理精细,园内丘陵起伏,四周小河环绕,曲线流畅,10座小桥横跨河上,成小桥座座、溪水潺潺的独特意境。绿化布置处处有景,景随步移。树木500余种,草坪占总面积的50%。园内还建有凉亭、石亭、方亭、茅亭十余座,供游人休息。有兴趣穿行其间,假山、亭廊、水榭互相陪衬,扑面而来尽是诗情画意。此外,因为地处市中心最繁华区域,站在园内中央大草坪上,可一览园外盛景,国际饭店、大光明电影院、上海图书馆、第一百货商店等近代优秀建筑,成为公园的借景,园内园外,人世风情,连成一体,遥相呼应。

1952年10月1日,公园正式开放,上海市民都想亲眼看一看解放后建造的第一座大型公园,踏一踏这块被洋人占领百年后重新收回的土地,像过盛大节日一样,扶老携幼,从四面八方汇聚而来,人山人海,盛况空前,可谓自有公园以来,从没有过这样的轰动!以后在很长一段时间中,游客量始终居高不下,每天人拥人挤,已看不成公园美景,所有的是当家做主自豪感的自由喷发。对许多人来说,能否欣赏到公园美景并不重要,重要的是能亲自在公园里走一走。

建国初期的年代，追求精神的满足与慰藉，视其为是最高享受，是大多数人的共同愿望。可惜在今天，太缺少这样的思想境界了！

建园近60年，前半期受政治运动影响，游览景观有所损伤；后半期因市政建设需要，游览景观有所调整。尽管如此，为使公园环境面貌能跟上城市建设的步伐，使公园真正成为市中心的"绿色明珠"，进一步展现海派园林特色，公园管理者与时俱进，不断对园容园貌进行改造调整。2000年那次费时半年的综合改造，更使公园面貌焕然一新。

定位于自然，充分体现现代园林风格，成为综合改造的根本宗旨。设计理念上坚持以人为本，运用生态园林理论为指导，保留大树，以绿化景观为主，通过植物造景，提倡生物多样性，引进植物新品种，大量增添花灌木和色叶木。经综合改造后，旱喷泉广场、水杉林、荷花池、碧翠湖、西山瀑布、百花园、花卉展示厅、儿童游乐园等新老景观，以及遍布园中的悬铃木、香樟、雪松、龙柏、水杉、广玉兰等高大乔木，更突出了海派园林的风格特色，强化了休闲娱乐功能。

顺便说一下，不得不看的是位于公园中部的南极石。

＊ 南极石

1982年2月,中国第一支南极考察队赴南极考察,21日在南极乔治岛采集到这块南极石。该石呈椭圆形,黑褐色,高1.7米,上面刻有原上海市副市长、书法家宋日昌题写的"南极石"三字。1985年2月21日,该石落户于园内。在全上海公园中,这是绝无仅有的一块南极石,十分珍贵!

相亲角——一道独特的美丽风景

开放的公园,有着各式各样的文化景观。但迄今为止,似乎还没有任何一家公园的文化景观能与人民公园的"相亲角"相比:长时间兴盛,队伍日益壮大,声名远播外省市,电视、报纸、刊物、网络竞相报道。

忽然想到,外滩曾经有过的"情人墙",当时也是上海一道独特的文化景观。

黑夜像网一样笼罩大地,华灯齐放,外滩齐胸的护堤墙忽然长高了许多,仔细看才发觉是一对对情侣相拥,伏在齐胸的护堤墙上窃窃私语,一对贴着一对,严丝密缝,插不进一只脚。彼此间均旁若无人,只顾自己谈情说爱,尽情享受属于两人的世界。而且,防堤墙有多长,情人的队伍就有多长,形成一道奇妙无比的风景。

在《行走上海》一书中,作者之一惠民引用了一位美国记者参观"情人墙"后萌生的感想:我到过许多地方,还是第一次看到这么密集的、宏大的、夜复一夜持久的情人队伍。这位美国记者说得没错,别的国家别的城市"没有这么密集的、宏大的、夜复一夜持久的情人队伍",只有上海才会有,因为,海派文化本身就是独一无二的。

如今,"情人墙"早已不知不觉流逝了,情人们有了更多更好谈情说爱的地方;可同样是不知不觉,"相亲角"悄悄诞生了,不同的是,"情人墙"的主角是男女情人自己,"相亲角"的主角则是白发苍苍的老人,他们不辞辛劳,为自己还没有恋爱对象的孩子物色理想人选——首先是家长与家长间交换信息，其次才可能是"主角"自己出场。说是"可能"，是因为有的"主角"并不领情父母们的一番苦心，父母为他选中了"目标"，他也不愿出场见上一面。

先去感受一下"相亲角"的气氛吧。

每逢星期六或星期日，只要不是雨天，人民公园南京西路大门一开，三三两两的老人便从四面八方汇聚而来。说是"相亲角"，其实并不真在公园的"一角"，而是就在公园大门之内，再沿左右两边道路，向纵深铺开。总之，地位极其醒目开阔。

进得园门，中间是一座水泥花坛，先到的大多在高约30公分的水泥台阶上坐下，然后把写有孩子"简历"的纸片放在身前的纸盒或地面上。后到的沿左右两边道路寻找合适的地方。一边有专门拉起的绳子，可挂孩子的"简历"。看情形不像是公园准备的，而是参与"相亲角"的家长们自拉的。一边是花木丛，"简历"就别在花丛或树枝上。

婚介会所、婚庆公司和热心的个体"红娘"也加入进来了。他们掌握的未婚男女"简历"，铺在地上一大片，挂在绳子上有几长溜，少的数十上百，多的有数百张。互相间像是各有分工，有的专推男青年，有的专推女青年。作为一项业务，他们打出了诱人的广告："相约双休日，有情来牵手"；许下了真诚的承诺："竭诚服务，耐心周到"。更加专业的是专推海外单身留学生，打出了特别旗号：海外苑；挂出的当事人"简历"，以国别归类，计有美国、英国、德国、日本、澳大利亚、加拿大和新加坡，每一国名下都有十至几十名留学生。涉及这么多海外未婚男女的信息，真不知道是怎么收集到手的！

上午10点以后，"角"内人头攒动，花坛四周早没有了空位子，两边道路的花木丛和绳子上挂满了"简历"，后来的人只好向更深处延伸。保守点估计，"相亲角"每回参与的人少则数百，多则千余人以上，其规模与声势，绝不是一个"角"字所能概括的。此时此刻，每一份挂出的"简历"都急切地等待着他人的眷顾。那情形，有点像守株待兔。心急的家长坐不住了，起身融入三五成群的人丛中去寻觅"知音"。那情形，像是在推销一份滞销的商品。

不断说到挂出的"简历"，上面到底写了些什么？

所谓"简历"，实际是一张四开大小的打印纸，打印或手写着两部分内容。第一部分，是当事人的性别、年龄、学历、职业、收入、身高；附带"车"和"房"情况的说明，比较简单，却是主要的，那是向外"推销"的资本。这方面的"硬件"无法吸引人，后面就没"戏"可唱了。第二部分，是选择的要求。男方要求女方多是"品貌端庄"；女方要求男方多是"事业有成"，看似原则抽象，实质涵盖了丰富的内容。

综合第一方面内容，无论男女，基本状况是高学历：本科、硕士和博士；高档职业：银行、金融、外企、IT、网络、大学等单位（公司）的主管、经理、总监、工程师和教师；高收入：月薪5 000元以上，年薪20万、30万不在少数。年龄"70后"、"90后"不多，主力军是"80后"。因此，通俗地说那是一群以"白领"为主的大龄"剩男"和"剩女"，在数量上，"剩女"多于"剩男"。

高学历、高档职业和高收入，证明他们是一群职场的佼佼者，本该有利于交朋会友，谈婚论嫁，没想到最后反成了"负担"，耽搁了终身大事。为什么？原因是多方面的。比如，性格内向，不善交友；比如，工作压力大，没时间交友；还比如，追求"门当户对"，错过了应有的机会和缘分。随着年龄一年年增大，他们依然身影孤单，家长们急了。中国人的习惯，孩子满20岁，大人们总希望他们能找到合适的"另一半"。现在等不得了，家长们自发地聚集到人民公园，他们不顾子女的反对，把孩子们的"简介"和择偶标准写在纸上，挂在树枝上……来回走动，当起了"活广告"，希望借助自己的努力为孩子物色到理想人选……唉，可怜天下父母心啊！

大体能认定的时间，"相亲角"大约形成于2005年。如"星星之火"，起初是一些家长间的无意识闲聊，互相交换子女的婚恋情况，大概因此促成了一两对美满姻缘，消息渐渐传开，引来更多家长的参加，目的变得也越加明确。一年两年三年，今年已进入第六个年头。原本是一星期一天，现在发展到一星期两天，节假日还会另增加一天。没有人组织，没人号召，"相亲角"终成"燎原之势"，影响波及外省市。

2010年新年第一天，《解放日报》见习记者赵翰露探访"相亲角"，写出了如下的报道：

新年第一天，人民公园"相亲角"人头攒动，原本每周末过来给子女相亲的家长们，也没有放过这个公休日……一位来自山西的阿姨加入了"家长相亲"队伍。从简历上看，她儿子条件非常优秀：1980年生，清华毕业，身高1.80米，在某外企工作，收入丰厚。"你儿子条件这么好还来这里？"另一位阿姨疑惑地问。"唉，他一直在北京读书工作，同学都在北京，上海没什么认识的人。""我女儿也是啊，刚刚调来上海……"两位家长惊喜地发现，原来孩子们不仅毕业同一所大学，而且都是从北方到上海落户的"新上海人"。

这两位家长后来是否相中了对方的儿子或女儿，两位"主角"会不会出场相会，不得而知。但读过报道，大体可以感受到"相亲角"红火的程度了。

21世纪的上海，社会开放度越来越大，青年娱乐交友的面越来越宽，在这种情况下，为什么还会出现由家长越俎代庖的"相亲角"？

对此，包括网上在内的各种评说、议论从未断过。

一位"80后"的态度是无所谓：就当他们（家长）去人民公园玩了。

与其去搓麻将、喝酒、抽烟,还不如去人民公园兜一兜。

有好孩子因感恩而引发自责:为什么我们这一代人还要垂垂老矣的父母受这样的罪呢?放下身价,多去接触和发现,不要让自己成为只是一件玻璃柜台里"闲人免碰"的高价展示品。

也有人非常感慨地发出了疑问:在这个城市里,似乎很多很有能力、很优秀、很有价值和很有品位的男人和女人,怎么感情都陷入了一种瘫痪了呢?

负面的批评之声也是有的:那些父母们,辛辛苦苦地为自己的孩子寻觅姻缘,但是那些白纸黑字和老人的眼光,未免让人感到一种悲哀和无奈:"集市"里交换出来的爱情和婚姻,有多少是完美和幸福的呢?

再激烈的批评没有了。

有一种愤怒,主要是对以盈利为目的的"职业红娘"介入"相亲角"表示强烈反感。

毕竟有许多大龄男女青年需解决个人问题,毕竟满头白发的老人们的所作所为是出于真心,客观存在的这些事实,使大多人数对"相亲角"的存在持宽容、理解的态度。

"相亲角"是一种社会文化现象,它的形成、发展及其最终消亡,该如何解读,那是社会学家、婚姻家庭学者做学问的领域,请耐心等待他们的研究成果吧!

(注:除历史资料照片外,本节照片系新拍)

第二节　京海派山水:长风公园

始建于1957年4月,初名沪西公园,又改名碧萝湖公园,最后取《宋书·宗悫传》中"愿长风破万里浪"之句，更名长风公园。借鉴北京颐和园风格，以山水为主景，有铁臂山和银锄湖，同时辅以江南园林特色，是"海派"向"京派"学习的成功典范。

上世纪50年代后期，华东师范大学教授钱谷融游长风公园，写了一篇散文《碧萝湖公园》，发表在《文汇报》上。2008年，钱谷融教授接受《文汇报》记者采访，谈到长风公园时说："对长风公园，我最爱的就是那一片碧波荡漾的湖水，每当夕阳下，游人纷纷离去，园中渐归宁静之时，我常喜欢独坐湖边，凝神遐想，注目遥睇，而双目无所视，头脑无所思，只觉得浑浑然，茫茫然，心中一片空明，而心情异常恬适。"显然，是夕阳下的湖面景色让他陶醉，几近超凡脱俗，忘乎所以。

碧萝湖公园，改名长风公园。那湖即银锄湖，上海市区公园中最大的人工湖，湖光秀丽，碧水一片。湖对面的山叫铁臂山，是市区内最高的人工堆成的山。在湖中划船，再登山远眺，山水相映，蔚为大观。那情形有点像北京的颐和园，万寿山与昆明湖遥遥相望，也是湖光山色，有说不尽的韵味和妙趣。只是它更具气派，说到底毕竟是皇家园林，又兼有北方园林的大气，所以两者并不能完全相提并论。但无法否认的是，长风公园又确是借鉴了颐和园的风格，以山水为主景，同时辅以江南园林特色，是"海派"向"京派"学习的成功典范。

今日名园原本是一片穷滩恶水

2009年10月是长风公园建园50周年纪念。在建园40周年的1999年10月，恰逢国际公园与康乐设施亚太地区会议在杭州举行，在这次会议上，长风公园被国家建设部、中国公园协会评为中国百佳名园。

中国人的传统习惯，无论人和单位，逢五逢十是喜庆之年，总得庆贺一番。建园50周年是大庆。公园管理部门编印了一本精美的画册,分记忆长风、生态长风、人文长风和休闲长风四部分内容,每一部分以一首诗领衔,然后配发一幅幅照片,艺术、形象、真实地再现了建园50年来走过的风雨历程。

打开画册,第一部分是记忆长风,领衔诗的前四句是:打开封存的记忆,一起寻寻觅觅;尽管模糊,尽管依稀……再看后面的照片不觉有点惊讶,今日名园原本是一片穷滩恶水,真是没有想到。

上海境内的黄浦江、苏州河,今天看上去是那样的平和温顺,历史上却是作难不断。清道光十年(1827),为治理苏州河(时称吴淞江),将今长风街道境内的老河套截弯取直,遗留下一片低洼地带,遍布池塘、河滨和土丘。有一个小村庄,名叫宋家滩,因排水不畅,村民在低洼地里翻土播种,屡受涝灾之害,广种薄收,生活非常贫困,人称"穷家滩"。

这样一片穷滩恶水之地,也曾有过"风光"的时候。

上世纪20年代,一个名叫古鲁勒夫的俄国人租用了老河套附近的一块土地,建了一座欧陆风情浓郁的营业性私园,取名丽娃栗妲村。名字起得有点古怪,源于美国一部电影的片名,合理的解释是古鲁勒夫比较喜欢这部影片,借片名代替了园名。

丽娃栗妲村以外国人为主要接待对象,实际上是一座侨民公园。园内东大门是一片大草坪,其余三面是高低错落的树丛。老河湾一带水面开阔清澈,岸边柳枝低垂,沿河岸撑着许多彩色遮阳伞,晚上灯火齐明。园中西式洋房内设茶座,供应咖啡、洋酒和现烤的各式西点。夏日夜晚,老河湾水面被辟为游泳场,供应啤酒、冷饮。不远处的网球场临时改为露天舞池,乐声悠扬,彩灯闪烁,是消夏纳凉的理想场所。西式的园林,西式的娱乐,丽娃栗妲村名噪一时,游人络绎不绝。只可惜,"八一三"事变炮声一响,日本侵略者的铁蹄踏进了上海,在尖利刺耳的爆炸声中,丽娃栗姐村灰飞烟灭。短暂的浮华喧嚣彻底消失,取而代之的是荒芜与苍凉。

好在新时代来临了,新的发展蓝图很快被提上议事日程。

1954年,上海第一个工人新村曹杨新村建成,临近的农村也建成一批农民新村,沪西人口日渐稠密。在此情况下,"为生产服务,为劳动人民服务"的城市建设方针体现出它的优越性。为改善这一地区居民的业余文化生活,也为了改变旧上海遗留下来的园林绿化大多集中在市中心的不合理状况,上海市人民政府决定在工人新村与农民新村结合部,建造第一座为工农大众提供休闲娱乐的大型山水公园。

实际行动非常迅速,首先是选择园址。建园筹建组踏勘了许多地方,认为老河套地区虽然不适宜种植农作物,但地形起伏多变,水网纵横,是建造公园的理想之地。园址一确定,征地工作马上跟上。征地范围涉及三个高级农业生产合作社共11个生产队。为人民建公园,征用人民的土地。在充满激情的年代,主流思想是"公"字当先,膨胀的个人私欲没有土壤。没有扯皮,没有讨价还价,更没有不达目的"钉"住不动或强行拆迁的野蛮现象,比起几十年后的征地动迁,省事省力多了。征地工作一结束,空地先用作苗圃,为建园储备树木。

1957年4月4日,公园正式动工兴建,取名沪西公园,意即沪西地区的第一座公园,有纪念性意义。首期工程改造地形,建桥筑路,植树近6万棵,当年底圆满完成,再稍加整理,1958年7月1日试行局部开放。初定的园名沪西公园改名碧萝湖公园。改名的理由可能是"沪西"二字过于空泛,不如"碧萝湖"形象具体。碧萝湖是规划中的一条人工挖掘的湖,与人工堆成的一座山相对应,是未来公园的一大特色,以湖名作为园名,设计者认为比较贴切。这时,碧萝湖尚未完全成形,有待第二期工程继续开挖。

首期工程完成建设面积212亩,占全园总面积的40%。在"边开放、边建设"方针的指导下,第二期工程的主要任务是挖湖堆山,兼带一些景点建设,历时一年有余,1959年9月底竣工,10月1日对外开放,向国庆十周年献上了一份厚礼。两期工程建设,公园总面积高达554亩,在全市公园中独占鳌头。

在"大跃进"的形势之下,普陀区人民政府动员全区干部、工人、学生和里弄妇女参加建园义务劳动,每天都有成百上千人之多,总义务劳动达27万人次,大大加快了公园的建设速度。试想一下,如果没有广大劳动群众发扬"乘风破浪"的精神,忘我地挥动"铁臂"和"银锄",一个5年的建园计划能用两年时间完成吗?

学习京派兼具南北特色

上世纪50年代中后期,是建国后思想比较解放、活跃的时期,"百家争鸣"、"百花齐放"双百方针的提出,促进了学术研究与文艺创作的繁荣。在这一方针指引下,"洋为中用"、"古为今用"促使不同文化相互借鉴融合,并冲出学术、文艺的局限,扩大到了建设领域。反映在园林建设上,这一时期出现了许多新的气象。

长风公园定位于大型山水公园,上海当时并无现成样板可供借鉴。负责设计的工程技术人员考察了苏州、杭州、北京等地的园林,最后认定北京颐和园既有自然山水园气势,又有人工建造的特色,决定以它作为模式进行仿效。

颐和园是皇家园林,属古典一脉,其山水之景主要集中在万寿山与昆明湖,气势雄伟壮观,旖旎风光无限。仿效颐和园模式,实质是遵循"古为今用"的原则,一次"海派"向"京派"的学习,说白了是海派园林中糅进"京派"的元素。

有了模式样板,具体操作过程变得相对简单了:因地制宜,低处挖

* 泛舟银锄湖（1959）

* 建设中的铁臂山（1958）

湖；挖出的湖泥就高叠土，堆砌成山。挖湖和堆山相比，后者更讲究技术性。全部工程结束，湖、山成形，湖是银锄湖；山是铁臂山，模拟自然山水，划船登山成了公园一大特色。

这样介绍不免失之过粗，下面多用些文字叙它一叙。

银锄湖位于公园中部，面积14.67万平方米，连同附带的一些景观，占全园总面积40%。湖的西南岸，水面以聚为主，以分为辅，一条长约400米的河，绕过铁臂山，两头与湖相接。湖水平均深1.5米，备有各类游船和电动游览艇，供游客乘坐游览。每到风和日丽的节假日，湖面碧波荡漾，游船点点。湖中划船人开心，岸上观赏者高兴，船上岸边各乐自乐。别致的是湖的东南部有一小岛，岛上广植青枫，名曰青枫岛。岛中央绿树丛中有青枫石亭，亭角竖大块石，上书"青枫白云"。面积2 000平方米的一座小岛，另植有香樟、桂花和罗汉松，一年四季，郁郁葱葱，环境幽静，景色宜人，与湖面水景成鲜明对照。绝顶聪明之人将青枫岛比喻为台湾岛，台盟上海市委员会多次在岛上欢庆中秋佳节，把酒对明月，思念海峡对岸的骨肉同胞。虽是想象中的意境，但寄情于景，景中抒情，情景合一，倒也妙而有趣。

铁臂山，山体坐南朝北，依银锄湖而立，主峰高26.1米，四周分布高低不同、坡度不同、大小各异的次峰，均山势起伏，有凹有凸，有曲有伸，有峻有缓。山前有一对石狮对峙，峭壁上镌刻着魏文伯手书"铁臂山"。攀登石阶，山路崎岖迂回，有八条山路迂回通往顶峰。东南有一条幽静的山谷，西南有一环形睡莲池。东西坡各有一座六角形石亭，西亭名探月，东亭名听泉。山路广植翠竹苍松。

如此湖、山相望，湖托山，山衬湖，景色错落。登山远眺湖面，无风时水平如镜，湖光闪闪；起风间湖波涟漪，山影摇曳。临湖仰望山巅，苍然葱绿，生机盎然。沿湖踱步，人在湖、山之中，一边是碧水，一边是翠山，头顶蓝天白云，顿有入仙境般忘我之快意。

此外，在银锄湖西南岸和铁臂山下，分布着大小不一、形状各异的钓鱼池、荷花池，池中之水相连相通，活水养鱼藕，鱼大花艳藕肥。上世纪1961、1963、1964年，聂荣臻、刘伯承、陈毅三位元帅先后来到上海，闻得长风公园美名，乘公务繁忙之余，抽空到园中游览垂钓，其乐陶陶。

向"京派"学习，以湖为主，山水结合；以水组景，聚散相成。经50年时间考验，证明当年建园的规划设计思路是正确的。

然而，如果光有湖光山色之美，尚不足以彰显独特魅力，"长风"之妙，妙在南北园林特色兼容并蓄。

50年前刚开园时，由于建筑时间短，过于强调勤俭节约，除银锄湖、铁臂山外，其余景观相对比较简单，所以开园后继续坚持边开放、边建设的方针，在清湖固山的同时，不断调整园容布局，增添新的景观，充实名贵花木，逐渐形成五大景区共数十个景点。桥、亭、廊、榭、岛、池、雕、苑，各种小品建筑充斥全园，与周围环境融成一体，自成一新的景观。无法一一记述它们的别样风情，只能选择一二略作介绍。

先说亭，怡红亭、牡丹亭、桂花亭、百花亭、玉兰亭、探月亭、听泉亭、松涛亭、天趣亭、藕香亭……数量之多，或山上或水边，或花苑树丛，无园能比，亭名典雅，有诗情画意；亭形多姿，有单亭、双亭，有四角亭、六角亭、八角亭；以名责实，怡红亭、牡丹亭、桂花亭、玉兰亭是赏花亭，探月亭、听泉亭、松涛亭是观（听）景亭。大小之亭，或简朴或典雅，均纤巧秀美，一看便知是南方园林的做派。

再说苑，月季苑、杜鹃苑、牡丹苑、樱花苑、桂花苑，那是花的世界。大面积种植，自成一景，蔚为大观，赏花人一饱眼福，看得尽兴。说是某某花苑，苑中并非单一的某某花，而是以一种花为主，再辅以其他植物，合成一个多姿多彩、层次丰富的游览景观。比如，桂花苑以主体树种大桂花为

* 国际花卉节造型选粹

主,配置红枫、羽毛枫、无患子、红继木球等色叶树种,再配以夏鹃、春鹃、迎春、茶梅、金丝桃、南天竹等开花植物,苑中铺设鹅卵石小路,周边以湖石相驳,地形布置高低错落,整个花苑色彩绚丽,立体感强,且一花落后它花发,连绵不断,令游人兴趣大增。

诸多花苑,有些花如牡丹,系南北皆宜,光是花的本身并看不出什么南北风格,但一落实到园艺布置,无法摆脱的是地域局限,形成了鲜明的特色。

至此似乎可以认定:银锄湖、铁臂山雄浑大气,尽显北派风光;沿湖环山的桥、廊、亭、苑,精巧雅致,尽呈南派神韵,南、北风格合于一苑,那是一种新的"海派"。准确地说,长风公园是京海派山水公园。

广阔的占地面积,富有鲜明特色的园容园貌,1998年到2006年连续四届上海国际花卉节都落户长风公园,每一届国际花卉展都有"主题"和"主题花卉"。第一届的主题是"花卉与旅游",主题花是郁金香;第二届的主题是"花卉与人类生存环境",主题花是杜鹃;第三届的主题是"花卉与绿色家园",主题花是海棠;第四届的主题是"花卉与生活",主题花是牡丹。每届花卉都有数十个国家、地区的万余家花卉企业参加,吸引游人近百万人次,交易额逐届上升,多达逾千万元。围绕每一届花卉节的主题,同时举办花卉摄影、花谜竞猜、插花比赛、花卉根雕、家庭养花、奇石盆景等以花卉文化为主的活动,成为花展的一大亮点。

那是一个花的海洋,花的世界和花的盛会。

从爱国主义教育到寓教于乐

相比其他公园,长风公园是青少年活动的理想场所,也是孩子们的乐园,从爱国主义教育到集娱乐、科普、教育于一体,公园文化力求与时俱进。

20世纪90年代以前,地处西郊,园容开阔,在园中能划船登山,长风

* 雷锋雕像

* 上世纪九十年代初儿童们在公园春游

公园成为青少年外出郊游的首选之地。每年春游、秋游来临之际，蓝天白云下，在湖中山上，在花园绿树间，共青团团旗、少先队队旗迎风招展，充满青春的朝气与生命的活力。

为配合青少年团日、队日活动，公园适时增建了雷锋铜像和地下少年先锋队群雕等纪念性景点，再早的还有女民兵雕像，留下了时代的印记。

雷锋铜像为半身塑像，坐北朝南，位于园西南部，高1.5米、宽1.5米，底座用花岗石砌成，高3米，长与宽各1.5米。北面植一排高大的香樟林，西面有龙柏及花坛，东面有银杏和丝兰，正前方是一片大草坪，整体布置象征雷锋精神的长存不息。

1984年，经济体制改革的大潮汹涌澎湃，四个现代化建设需要集体主义、社会主义精神的大发扬，全国因此再次掀起向雷锋学习的高潮，共青团上海市手工业局管理委员会和12万名青年，募捐资金和原材料，在上海市红领巾理事会、南京路上好八连协助下，建造了这座铜像。从此，每年3月5日前后，来自不同学校、不同岗位的青少年在铜像前举行纪念活动，牢记毛主席发出的"向雷锋同志学习"的伟大号召，在新形势下传承发扬雷锋精神。

少年先锋队群雕位于园中央大草坪，由上海市总工会等32个单位发起筹建，纪念上海地下少先队员在民主解放斗争中的光辉业绩。雕像占地532平方米，在红色的大理石墙面上镶嵌着4组不锈钢浮雕，分别铭刻着不同历史时期上海劳动童子团、赤色儿童团、报童近卫军和地下少先队不避艰难、不怕牺牲的斗争历程。浮雕前矗立着一座双人少先队队员雕塑，男童在吹号，女童在行少先队队礼。西北面的一块巨大花岗岩上刻着老一辈革命家康克清题写的"地下少先队群雕"七个大字……

1990年5月27日，公园内红旗招展，锣鼓喧天。全国人大常委会副委员长陈慕华和上海市党政领导专程赶到公园，出席有6万名儿童、家长和少年工作者参加的群雕揭幕典礼。他们希望新时代的青少年继续发扬地下少先队的优良传统,团结勇敢,艰苦奋斗,时刻准备着为建设现代化的上海,建设繁荣富强的新中国而奋斗。

因为有雷锋雕像和地下少先队群雕,长风公园成为青少年爱国主义教育的重要基地。

一座名园,保持原有特色,继承传统精华固然重要,但更重要的是要紧跟时代的步伐,不断追求创新。恰恰在这方面,1995年5月"海洋世界"和2004年4月白鲸馆先后建成开放,赋予公园新的亮点,使爱国主义教育基地扩展为青少年科普教育基地。

请看一位小学四年级学生的作文《神奇的海洋世界》中的片段:

水族馆里的鱼真多啊,有蓝色魔鬼鱼、鲨鱼、神仙鱼等许多漂亮的鱼,其中蓝色魔鬼鱼别看它名字难听,但如果你看到了它,会觉得这名字真名副其实,它浑身是蓝色的,在灯光的照映下显得格外耀眼,非常美丽,我看叫它"蓝色天使"才差不多。看完了蓝色魔鬼鱼我们又去看了鲨鱼。鲨鱼的背部是灰色的,它的腹部是白色的,长着两只小眼睛,光看那眼神就感到有点恐怖了,再看看它那满嘴的锋利牙齿,把人吓得魂都飞了。

那里还有各种各样的珊瑚,它们颜色不一,有淡红的、淡紫的、浅绿的、淡黄的、土黄的,在水中显得非常漂亮。它们形状各异,有的像绽开的花朵,有的像被剪碎的纸条,有的像蘑菇,还有的像鹿角,真是千姿百态。

我们就好像探索大洋海底生物奥秘的潜水员,游弋在大洋海底,和这些鱼类亲密接触着,身边都是鱼,大大小小,五颜六色,千姿百态,看在眼里,心中油然而生许多神奇与美妙,我真的陶醉了。

这位小学生大考考出了好成绩,家长带他去长风公园参观海洋世界,

* 神秘的海洋世界和白鲸表演

在那里他感受到了海底世界的神奇与奥秘。

海底世界主题设施在银锄湖湖底13米，是世界上最新一代的水族馆，一万多平方米面积展现的是一个逼真的海底世界：以娱乐为主的300多种水生动物，包括凶猛的黑虎鲨、大虎鲨、食人鱼、狮子鱼、狗头鱼，应有尽有；在鲨鱼馆，潜水员喂食鲨鱼，人鲨共舞；在企鹅馆，憨态可掬的企鹅摇摇摆摆向游人走来；在静秀优美的海湾，可用手触摸海星、海蟹、海胆、海虾；在白鲸馆，人鲸共舞、白鲸顶球、双鲸戏珠、海狮芭蕾，极地白鲸与海狮的绝技表演精彩纷呈。

实在说，海洋世界不是一般的游览景观，而是一个集科普教育、科学探索、自然保护于一体，体现参观与参与、自然与人文交相辉映的休闲胜地，成了青少年的一个新乐园。

今天，到长风公园去看海洋世界，看大白鲸表演，是许多家长激励孩子的一种重要手段。这多少有点像当年说到长风公园去划船一样，相当时尚。

从传统的爱国主义教育发展到科普教育，不仅是内容上的拓展，还体现了时代的进步。

（注：本节照片由长风公园提供）

第三节　公墓变脸：静安公园

原为静安寺路公墓，俗称外国坟山。1954年改建公园，1955年开放。1998年结合市政建设，大规模改建。日式框架中兼收西式风格，园中之园"八景园"采用中国造园艺术。东西方特色有机融合，清新典雅，成为点缀在市中心区的一块"绿色翡翠"。

从南京西路静安寺对面大门进入，迎面是一条宽27米、长100米的中央大道，两旁整齐排列着32棵树龄在百年以上的悬铃木，树干粗壮高大，树冠相接，浓荫蔽日，像是夹道欢迎游人的盛大仪仗队伍，场面壮观热烈。树荫下，大道两边有成排坐椅，又像是在"欢迎仪式"结束后供游人暂歇。平日里，晨昏之际或午后之时，树荫下的坐椅最受游人喜欢。背靠着坐椅闭目养神，互相间轻轻絮语，或远视园中景色，神情松弛，是莫大的享受。精心呵护下的这条中央大道，成为静安公园一道独特的景观。

与宁静秀美的景色相配，园中洋溢着尊师重教的浓厚氛围，是静安公园又一道独特的景观。

依中央大道为界，公园被一分为二。在西南部荷花池南侧的绿树丛中有一尊蔡元培先生青铜坐像，高3.5米（**连底座**），由著名雕塑家刘开渠设计，用青铜浇铸而成。

坐像中的蔡元培先生身着长衫，目戴眼镜，中分式发型，神态亲切平和。双手持一本翻开的书，透视出他学贯中西，追求思想自由，既治学治教又爱国爱民的精神气质。前全国人大常委会委员长彭真为铜像题字：

* 蔡元培先生雕像

蔡元培先生塑像。碑文上刻着先生的生平。这位清朝末年的翰林,积极投身民主革命,扶掖新文化运动,曾任北京大学校长,被称为"学界泰斗"、"人世楷模"。1940年3月5日在香港病逝。为纪念这位伟大的爱国主义者、教育家,1985年9月10日教师节举行了塑像奠基仪式,1988年1月11日落成。仰望先生的塑像,默念先生的生平业绩,崇敬的心情由衷而生。

在东北部的大草坪前,矗立着一座名为"我的老师"女教师塑像。塑像用白玉雕成,象征人民教师教书育人纯净无瑕的高贵品质。

一东一西两座雕像,一虚一实,一男一女,代表了人民教师的光辉形象,对尊师重教的社会风尚起到了重要促进作用,也使静安公园这座美丽的"城市山林"多了一份文化的厚重,成为上海尊师重教的教育基地。

昔日的墓地变为美丽的公园

伴随租界的扩大,各国侨民大量涌入上海。如同活着的人需要居有定所一样,死去的也需要安身之地。远离本国乡土,因生老病死和天灾人祸,许多告别人世的外国侨民遗体无法回归故里,火化后的骨灰只好留在上海落葬。许多人不会想到,今日桃红柳绿的静安公园,昔日原是一座外国人公墓。

光绪二十四年(1898),英美租界工部局为处理外侨丧葬,在静安寺对面开设静安寺路公墓,中国人俗称外国坟山。当时的上海,市中心局限在外滩至今西藏中路一带,静安寺属于市郊,寺对面的土地是田园家舍,用来建公墓并不显得突兀。

公墓内设礼堂、火化间、化尸炉和骨灰陈列室。有关资料显示,公墓共6 214个墓穴,到1949年上海解放,葬5 353穴,其中90%为外国侨民。余下10%的500多穴,葬者多是有"外国背景"的中国人。

* 1871年的静安公园旧址

公园园史陈列室，至今挂着一帧照片：1947年，飞虎将军陈纳德在公墓内为病死在中国的美国侨民骨灰举行安葬仪式。照片上的陈纳德表情庄重，沉浸在对逝去同胞的哀思之中。

2000年9月的一天，上海市外办派人陪同在上海访问的陈香梅女士到刚改造不久的静安公园参观，在园史陈列室看到丈夫生前的这帧照片，心情十分激动，当场向园方索要，说要带回美国留作纪念。园方连夜翻拍洗印，第二天送到上海市外办转交陈香梅女士，遂了这位华人杰出女性的心愿。

1949年5月，上海获得新生，清除旧时代留下的痕迹势在必行。再者，经过50余年的发展变化，静安寺一带不再是上海的市郊，继续保留一座公墓，与周围环境极不相称。政治与市容的双重考虑，上海市人民政府决定将公墓改建成公园，墓中骨灰迁移他处另行安葬。

1954年，上海市人民政府外事处呈报外交部批准，有关方面投资18万元实施改建工程，于1955年竣工开放，并以寺名作园名，取名静安公园。

从公墓到公园和从跑马厅到公园一样，是政治上的新生，也是历史性的巨变。这一切都因为"换了人间"！

由公墓改造为公园，保留了今南京西路大门和门内一条宽阔笔直、两

旁种有悬铃木的林荫大道，其他道路利用墓中原有小道拓宽改建。迁出的墓穴重新加填土方，以保持地势平坦。墓中原树龄逾五六十年的悬铃木、银杏、罗汉松给公园增色不少。其他树木花草也一概保留，成为点缀全园景色的基本植物。一座汉白玉墓室改建成石亭，面积20平方米，内设大理石桌、凳，成为游人品茗、打牌、下棋的绝佳选择，也保留了一份原先的西风洋气。可以说，在建筑和人口相对密集的市中心区域有了一座可供游览、休息与锻炼的场所，深受附近市民的欢迎。

随着时间的推移，公园四周栽种了浓密的珊瑚树、夹竹桃、香樟、水杉，似屏障般挡住了园外的居民区建筑。沿街透墙种植花树丛，计有腊梅、牡丹、丁香、紫荆、木瓜海棠、茶花、黄杨球，再间以白皮松、广玉兰等常绿乔木，园景与街景融为一体。

园内各景区之间，种植桂花、香樟、罗汉松、夹竹桃等常绿乔灌木作为绿化屏障，各自成景。再在道路边、草坪中布置花坛，种植四季花卉，一年之中鲜花常开不断。

为追求花卉景观的特有魅力，自1981年起，陆续从外地引进30多个茶花品种共1 000多株，分种于东草坪12个造型各异的花坛中，组成茶花园，每年2至5月，不同品种的茶花相继开放，吸引无数游人前来观赏。又按不同季节，配置各种草花，用天鹅绒草皮作衬，形成红绿相间的色彩对比，视觉效果鲜艳强烈，尤为赏心悦目。

至此，作为一般的城市公园已无可挑剔，欠缺的是风格、特色尚不够鲜明。在时机的等待中，1998年终于迎来了高起点的大规模改建。

在现代大都市中感受自然山水

20世纪最后20年，上海进入了一个经济、社会和市政建设前所未有的高速发展时期。作为中心城区，静安寺地区是上海的商业、文化和旅游中心之一，在不长的时间内，地区内高楼林立，人流车声喧嚣不已。在此情况下，公园的生态价值格外显得不可或缺。

1998年，地铁2号线、延安路高架路建设要经过静安寺地区，影响静安公园的园容园貌。经一番调查论证，静安区人民政府决定以两大工程建设为契机，对公园实施高起点的大规模改建，营造一个以人为本，具有现代园林特色和历史文化内涵，集休闲、健身、娱乐、观赏、旅游于一体的敞开式公园。

非同一般的改建理念和目标定位，继续采用由上而下下达任务书的做法无法适应，转而选择公开招标。加拿大、日本和同济大学的设计机构在规定时间内投出标书，中标的是日本一家设计公司。

十年后，重新打开那份《静安公园改造草案》，人们读到了如下一段文字：

规划主题：都市自然公园（恢复自然）。

规划方针：……自然的恩惠并不是无限的，面对着快速发展的现代文明，自然界多少有点显得力不从心，为此我们不能无视这一现状。在这样的背景下，公园所扮演的角色的重要性是不言而喻的。而将自然更多地还与都市，则是将跨入二十一世纪的人类的使命。

在本规划中，将充分考虑到上述各点，多多地配置绿色，水、岩、土、花等自然物，并创造能使鸟、昆虫、鱼等生物生存的自然环境，使自然回到都市……

这段散文式的关于公园改造"主题"与"方针"的阐述，将改建后的静安公园定位于"都市自然公园"和"使自然回到都市"，令人耳目一新。日益都市化的上海，人口急剧膨胀，大小车辆快速增长，高楼大厦不断挤占逼仄的空间，嘈杂、浮躁、喧嚣与污染等城市病困扰着人们。因此，祈盼回归自然，在山水的陶冶中求得心境的宁静，成为上海人的共同向往。

原则的规划很快化成具体的施工蓝图：五大空间加一个中心广场——从南京西路正门进入，首先是都市的休憩空间，左右是都市的自然空间、感受水的空间，中间是中心广场，后半部左右是历史的空间和移动游玩的空间。对于不懂园林的门外汉来说，这样的"蓝图"过于抽象，有点摸不着边际。那就请看文字解释吧。比如"都市的自然空间"，是"由绿色、魁伟的树木、岩、石和水等造创出'寂静'，从树叶、花草的间隙中斜射过来的缕缕光线、风等大自然空间空旷的氛围，给游人一种放松感，精神上从自然中得到充电的感觉……"读着这样的文字，一方面感受到的是撰写者有着很高的文学休养与审美情趣；另一方面，每个人的脑海中会浮现出一种立体的想象,"都市的自然空间"不再模糊不清,不可捉摸,而是变得有了具象的清晰轮廓。

接着,进入根据"蓝图"进行改造施工的阶段。

新的布局以中央大道32棵百年大悬铃木为中心,保留蔡元培先生塑像、女教师塑像、大理石亭、大树和古树,余下的是把纸上的"规划"化成现实的景观。一年后的1999年9月25日,一个面貌焕然一新的"使自然回到都市"的静安公园,在全市公园中率先免费向公众开放。

改建后的公园,占地面积50亩,绿化覆盖率高达70%。人工的山、水、石和树、花、草有机搭配,模拟出逼真的自然环境——因势叠山理水,堆砌假山瀑布,栽种名花贵木,设置观景平台,以及遍布全园的石景、花境,营造出一座壮观美丽的"城市山林"。开放之后,不仅游客大加赞赏,而且成为老(旧)公园改造的典型样板,参观取经的人络绎不绝。无法对改造后的诸多新景观一一作详细描述,只能择取其中一二,作走马观花式的浏览。

"都市自然的空间",主要体现在园中东南部的高低起伏的疏林大草坪,四周以树丛相隔,面积2 490平方米,地势呈自然形态,绿草如茵,无一棵花、树,大理石亭、女教师塑像分布在草坪北部,坐在亭中或站在塑像旁看大草坪,空旷开阔,像置身于人烟稀少的旷野平原……

园西北部是"感受水的空间",利用地铁二号线站点穹顶,堆成大假山,上下落差超过6米,气势雄伟,外为峰峦壁峭,内部虚透为洞,望之浑然天成。洞口上宽约9米的大瀑布飞流直下,轰然如雷,飞珠溅玉,甚为壮观。假山上,利用山坡辟有立体花境,经多次调整,自成一景。

沿假山瀑布而下,是长而多曲的荷花池,池岸有垂柳,池边有石阶,下阶可亲水戏水,池有荷花、睡莲、鸢尾,满眼江南风光。距荷花池不远是西草坪,面积3 450平方米,其东南部有起伏的土山和四周用湖石驳岸的水池……感受水的空间,名符其实。

因为是日本设计机构设计，感受水的空间带有明显的日本式风格，紧邻荷花池用作餐厅、茶室的一幢二层建筑，一看就知道是从日本民居演变而来。而崇尚自然与追求空间开阔（大草坪），是西式园林的固有特色。仅此而已，改建后的公园实现了东西方文化的对接。然而，不同文化风格的交融相汇，并未到此结束，还有一个八景园，采用的是中国古典园林的造园艺术。

园中园展现历史人文的空间

在日本设计者阐述的五大空间"蓝图"中，有一个"历史的空间"，是来园者（外国人、当地居民）为上海的历史所感动的空间。改建后，这个空间就是"园中园"的八景园。

八景园位于全园中部，其左右是东、西大草坪，2 300平方米面积，集合了古静安八景，另设园门，自成一体，形同园中之园。

据史料记载，相传静安古寺创建于三国时期东吴赤乌年间（237—250），原名重元寺。长达1 700余年的历史演变，几建几废。兴盛时期，周边区域有八处名胜古迹，元朝寺僧寿宁所辑《静安八咏集》记述的八景是：沪渎垒、陈朝桧、芦子渡、赤乌碑、涌泉、绿云洞、讲经台和虾子潭，文人墨客游玩吟咏不绝。至清朝末年，静安寺仍香火兴旺，每遇佛节庙会，人流四方云集，盛况更盛前代。上香敬佛之后，顺带游览八景，人如潮蚁。后人有诗为证："士女如云浴佛节，静安场聚万车轮；衣香鬓影斜阳返，十里红正马路尘。"

静安八景，每一景都有一段脍炙人口的故事。

八景之首景沪渎垒，实际是一段城墙。古人把吴淞江（今苏州河）一带地区称"沪渎"，东晋虞潭驻守沪渎，为防御海寇骚扰，于公元326—346年修筑了城墙。公元400年，驻守将军袁山松对城墙进行了整修，后人称

* 沪渎垒

* 天下第六泉

177

这段城墙为沪渎垒。

八景之五景涌泉，原在静安寺对面（现静安公园门旁），因昼夜喷涌，有人称为泉眼。旧上海涌泉沸腾不息，有人俗称寺前的路为"泡泡井路"。清乾隆四十三年（1704），巡道盛保曾在泉前筑亭，题名"应天泉涌"，不久亭子废损。同治十三年（1874），地方绅士筑石栏保护，华亭人、书法家胡公寿题名"天下第六泉"。1946年静安寺山门重建，僧众在泉旁树立了一座阿育王式经幢，从此涌泉和经幢成为上海一处有名的景观。文化大革命中经幢被毁，又因市政建设将涌泉填没。建设地铁二号线时曾挖出一批有关涌泉的文物，可泉眼已不复再现。近两年，有关部门在南京路、华山路交叉的东南角原涌泉所在处，重修了一座人工的"天下第六泉"，借以再现当涌泉的盛况。

静安八景，实际代表着上海的历史，将其集于一体，营造出能让游客亲身感受到上海历史的空间，不能不说是一个大胆而新颖的创意。

从严格意义上说，八景园并不是一座园林，而是巧妙借用参差自然、藏露互补、遮隔景深等中国传统造园的艺术手法，以水景为主体，用曲径构织观赏路线，将"静安八景"浓缩、模拟，组合在2 300平方米的地域之内，达到以小见大的效果，在整体上创造出一个微型景观园。

八景园门在公园西南部，园名由当代书法家周慧珺所书。进园沿曲径前行，即是高大的沪渎垒城墙，墙上嵌有八块沪上著名书法家张森、周高、张晓明等八人所书的古人咏静安八景的诗文碑刻，观之可倍加游兴，增长历史知识，也可欣赏笔如游蛇的书法艺术。然后再循曲径或逶迤或折返或直行，依次可见陈朝桧、芦子渡、虾子潭等八景，其间有宋代屋舍，粉墙黛瓦；有林木葱郁，翠绿环绕；有鸳鸯戏水，曲桥浮光；也有满目叠嶂，怪石峥嵘，尽是古时寺庙村舍、水乡山野风光。

古人有言："山不在高，有仙则名；水不在深，有龙则灵"。八景园虽小，却玲珑典雅，布局紧凑，山水花木配置精妙独到，建筑比例大小适宜，算得上是一件精品佳作。

也有人对浓缩、模拟的景观是否准确，发出疑问。作为个人看法，无须加以指责。历史上的"静安八景"，实物早已废圮，除个别留下照片，其余一概无迹可行，惟根据有限的文献记述，作艺术上的再现。只要每一位进八景园的游人，看到那些浓缩、模拟景观，想起上海的昨天……这就够了。设计者在改建中专门辟出一块"历史的空间"，建一个园中之园，目的正在于此。至于准确与否，那是次要的。

日式的、西式的，加上一个中式的，改建后的静安公园融多种文化为一体，园容园貌清新典雅，气势恢弘，别具一格，广受赞誉。

（注：本节照片由静安公园提供）

第五章

逢盛世名园重获新生

在公园建设方面，一边建设新公园，一边对破败损毁的公园进行整治修复，一批名园重获新生，向社会公众开放。

上世纪50年代中期，上海园林建设进入快速发展的新时期。1958年12月9日，中国共产党第八届中央委员会第六次全体会议召开，毛泽东主席发出了"实行大地园林化"的号召，上海市、区两级政府行动迅速，自上而下成立了绿化领导小组，全市很快出现了一个声势浩大的群众性绿化运动。各工厂、机关、学校、医院、部队自己动手绿化，美化本单位环境；公路遍植行道树，农林互相配合，共建林场苗圃；发展林果蚕桑生产，寻求城乡一体的绿化格局……时逢"大跃进"年代，浮夸、虚报、弄假之风在所难免，但园林绿化意识因此增强，实际工作得到推进，应该予以肯定。

在公园建设方面，一边建设新公园，一边对破败损毁的公园进行整治修复，一批名园重获新生，向社会公众开放。

近代上海战乱不断，几乎每一次战乱都给园林带来毁灭性破坏。毁于抗战期间的园林占了绝大多数。市区的半淞园、闵园、爱俪园、丽娃栗妲村等名噪一时的私家园林毁于日军炮火；吴淞镇吴淞公园毁于"一二八"事变；宝山县城西公园、金山朱泾镇第一公园、嘉定黄渡镇中山林公园、崇明北堡镇中山公园、军工路纪念公园都毁于"八一三"事变。属于上海特别市政府管辖的公园、苗圃也大多在日本侵略者的炮火中废圮湮没。从《上海园林志》"大事记"中摘录的这些公园名录，只是被毁园林中的一部分，它们并不代表全部的统计。八年抗战，惟租界侨民公园幸免于难。

好不容易等到抗战胜利，人民企盼和平，谁知良好的愿望又如泡影般迅即破灭。当人民解放军百万雄师以雷霆万钧之势，突破长江天堑挥师南下之际，全市公园停止开放，国民党军队开进公园，草坪上停满军车，堆满军需物品。在虹口公园、黄浦公园、中山公园、桂林公园，国民党军队砍大树做掩体，挖壕堑、筑工事、埋地雷，企图决一死战。闸北公园成了屠杀地下共产党人的刑场，烈士的鲜血染红了碧绿的草地。硝烟过后，许多公园花、树败落,瓦砾成堆,满目疮痍,亟待梳妆整容,重展新姿。

对破败损毁的公园进行整治修复,着眼点是尽量再现原有风貌,而不是另起炉灶。这有点像古建筑保护,遵循的基本原则是"修旧如旧"。因为指导思想对路,实际工作进展顺利,一批名园很快开门接待游客。

实行建设与修复两条腿走路的方针,到上世纪60年代初,上海园林面积迅速扩大,原有风格、特色得以延续,布局也日趋合理。

第一节　赏桂胜地:桂林公园

仿古典园林,兼有西式风格。始建于1929年,原为上海闻人黄金荣私家花园别墅,名黄家花园。抗战中成为日军兵营,日军撤离时焚火烧园。解放前夕,为修筑工事,国民党军队大肆砍伐园中桂树。经修复整治,1958年8月开放。因园内遍植桂花树,取名桂林公园,是赏桂的胜地。

大凡古典园林取名,有借用古诗词名句之意取名,如古猗园从《诗经·卫风·淇奥》"绿竹猗猗"之句得名;有借用名人轶事典故取名,如醉白池从白居易晚年归隐家乡河南安阳,筑"醉白堂"于池畔典故得名。桂林公园采用江南传统造园手法,属古典一脉,园内一样是龙墙回绕、小桥流水、叠山立峰、楼台掩映、亭榭参差、花木葱茂,取名却不师法前贤,而从园中花、树得名,别出新裁中凸现出个性特色。

"桂林"二字,意即桂树成林。园中遍植金桂、银桂、丹桂、四季桂共23个品种1 000余株,位列各公园之首。每逢花开季节,幽香四溢,游人如织,成上海赏桂胜地。取名桂林公园,乃名至实归。

只是游人漫步园中,有关黄金荣的话题总不免时时提起。作为上海滩闻人，黄金荣的是非功过早有定论，留下的仅是他和一座公园的因缘关系。

上海滩大亨的私家花园别墅

众所周知，桂林公园前身是上海滩大亨黄金荣的私人花园别墅，其中的两亩多地原是黄氏祖坟祠堂。

从一个只读过几年私塾，进裱画店当学徒，到考进法租界巡捕房包探，杀人越货，摇身一变为上海滩赫赫有名的青帮老大和法租界巡捕房华人督察长，黄金荣的发迹史极富传奇性，是旧上海历史造就的特殊人物。发迹后黄金荣一直住龙门路均培里一号。他每日抽大烟，喜欢上茶馆、泡混堂，即扬州人所谓的"早晨皮包水，晚上水包皮"，他乐此不疲。

从市区到漕河泾，今天看来路程并不算远，但在旧上海，来来去去很不方便。住在漕河泾，无法保证早晨上茶馆、晚上泡混堂，所以私家花园造好后，除在夏季避暑去住一段时间外，余下三季黄金荣始终住在均培里。

既然如此，为什么要造花园别墅？

坊间传说，有一年清明节，当上法租界巡捕房探长的黄金荣到漕河泾给父母扫墓，摆下供品，燃烧香烛。伏身叩拜之际，看到父母的遗骸还躺在荒乡野地之间，不禁泪流满面，自责没有尽责尽心。站在一旁的徒弟龚天建看懂了师父的心思，乘机进言将坟地重新修一下，再弄些石人石马作摆设。黄金荣听后，当场否决了龚天建的献媚之策。他想到杜月笙在浦东高桥买了50亩地，造了一座"杜家祠堂"，轰动上海，难道自己还不如这个小徒弟？"要弄就造一座像模像样、排场要大的花园连祠堂！"不甘屈人之下的青帮大头目，边说边向父母的坟茔磕了个响头。

传说中的故事有几分真实性，没人做过考证，事实是这次扫墓不久，

❋ 黄金荣（1847—1953）

黄金荣将两亩多点的坟地扩大到34亩，"像模像样"造起了花园，时间是1929年。

从社会底层的小混混，一步一步上升为帮会老大和洋人鹰犬，黄金荣是旧上海"十里洋场"典型的"混血儿"。全盛时期，他翻手为云，覆手为雨，玩上海于股掌之上，连政要权贵也怕他三分。与此同时，他匍匐在洋人脚下，视洋人为主子靠山。特殊的身份、地位，促使黄金荣集匪气、霸气、奴气于一身，处世行事多烙有中西文化的印记。

发迹后黄金荣穿起了长衫，沐猴而冠，假作斯文，加之往来结交不乏文人雅士，因此他选址造园，风格定位江南古典园林，延请以造古建筑闻名的荣泰兴营造厂全权担当建园工程。三年后花园建成，亭台楼阁、轩榭廊舫，风格明快，布局合理，在嶙峋怪石、清池小波、苍松翠柏的映衬下，构成完美统一的艺术建筑群。

从南大门进入，首先映入眼帘的是一条长长的龙墙通道，一览无余，深远莫测，很容易让人联想起黄金荣深不可测的内心世界。龙墙尽头是二道门，进门便通向公园深处，依次可见四教厅、般若坊、观音阁、鸳鸯楼和九曲长廊，样式均有帝王宫殿的影子，演绎出权力至上、等级森严的霸气。

＊ 上世纪30年代黄家花园
四教厅

四教厅,仿造丛林大雄宝殿式样,位于园的中部,其余建筑以它为中心,错落分布。250平方米面积的大厅分成五间,宽敞高耸,四面有折门72扇。大厅的门、窗、梁、柱隔扇上刻有二十四孝图以及隋唐和三国故事,刀法精湛,图案华美。厅中悬梁横空,楹柱硕壮,三盏巨大的西洋铜灯挂于房顶中央,一字排开,气势恢宏。厅四周有宽约两米的走廊,宽阔舒畅,其造型结构为江南少见。

花园落成,蒋介石专门赠送一方大理石碑匾额,上刻他手书的"文行忠信"四个大字。"文行忠信"取自《论语·述而》,乃温文尔雅,德行端正,忠心竭力,诚实可信之意。蒋介石有意褒奖,黄金荣受宠若惊,亲自迎进厅中,供在上方,四教厅因此定名。后来,这块匾额被置于厅外右边的六角亭内。

围绕这块匾额,还有一些让人品味把玩的故事。

1937年上海沦陷,日本军队驻进花园。此前黄金荣已叫门徒把匾额深埋地下,等待蒋介石胜利归来。抗战胜利,黄金荣挖出匾额重新置放。果然投桃报李,1947年黄金荣做80岁大寿,蒋介石特地亲临花园,恭恭敬敬地向他行了一个磕头礼。一转眼上海解放,为表示自己弃暗投明、改邪归正之心,黄金荣又叫门徒把匾额砸毁。

这一埋、一挖、一砸,活脱脱表现了这位流氓大亨政治上的投机、钻营与善变。

四教厅中还挂有汪精卫、于右任、张学良、宋子文、孔祥熙等国民党元老、要人赠送的匾额,园主人得权势之宠,几无第二人可比。自花园落成,四教厅就成为黄金荣招待社会名流、与黄门心腹聚会议事、接受徒子徒孙朝拜的重要之地。

和四教厅一样,观音阁呈四方形,仿寺庙建筑,门扇�倚重,古朴肃静;鸳鸯楼上下两层,楼顶四面展开,飞檐起翘,楼内斗拱梭柱,窗几明净;般若舫用花岗石砌成,船头是台,前舱是亭,中间是阁,后舱是楼,蓄势待发,欲乘风破浪;九曲长廊长60余米,曲折迂回,两端、中间有小亭相连相接……一律中国古典式风格,造型精美,雅致诱人。

但黄金荣毕竟身处西风东渐的繁华之地,又兼为洋人"当差",所以西式建筑与时髦设施在园中随处可见。颐亭、高尔夫球场、弹子房和西洋式消防队,在其他古典园林中绝对是稀罕之物。

就说颐亭,实为湖心亭,立在面积300平方米的水池中,周围有铁栏,南北各有一门,有水泥路与亭相接。亭有两层,底层北有雕花长窗,三面墙面用耐火砖砌成,清水壁面,白色嵌线,红白相间,层次分明。亭顶复以卷篷式背顶。这样一座不洋不中、又洋又中的水中之亭,溢出别样情趣,有"海派"之风,立于园中十分醒目。

1931年11月18日,花园举行盛大落成庆典,社会各界五千祝贺观光者齐聚漕河泾,盛况空前。另两位大亨张啸林和杜月笙,一人担任庆典大总管,张罗一切事务;一人担任总招待,迎候各路佳宾。上海市市长吴铁城、北京市市长周大文、淞沪警备司令韩戟、保安处处长杨虎、市公安局局长文鸿恩等政、军、警要人应邀出席。黄金荣感到脸面十足,异常高兴。

因是黄金荣的私人花园别墅，故取名黄家花园。

无奈生不逢时，黄家花园没风光几年，1937年上海沦陷，日军驻进花园，掳掠园中成套红木家具，宋、明瓷器，名人字画、匾额和挂屏，装满18辆卡车偷运到吴淞码头，用兵舰运回日本。关帝庙、静观庐等建筑被炸毁。好不容易等到日军撤出，又遭日寇纵火烧园，损失惨重。爱财如命的黄金荣痛不欲生。紧接着，还没等恢复元气，国民党军队为构筑防御工事，闯进花园将大树砍伐殆尽。雪上加霜，黄家花园旋即落得一片破败景象。

桂花开时成上海赏桂胜地

1949年上海解放，黄金荣已82岁。他没有跟蒋介石去台湾，也没有独自去香港，而是选择留在了上海。

躲到香港观察时局变化的杜月笙临动身前拉黄金荣一起行动，黄金荣婉拒了他的好意。到香港后，杜又写信催黄金荣到香港会合，"共商大计"。黄金荣不为所动，像吃了秤砣一样，铁了心留在上海。

黄金荣这样做，有他自己的考虑。一是他自知年事已高，体弱多病，远走台湾或香港，弄不好会半路送命，与其死在海上不如死在上海。其二，他一生混迹上海，屡遭风险又屡次化险为夷，认为共产党不会怎么样，他这么一大把年纪，共产党总会讲点人道。其三，更重要的是不断有人私下向他传递信息，只要他拥护共产党，不再轻举妄动，共产党对他"既往不咎"。权衡利弊得失，黄金荣决定留在上海。

在最初的日子里，黄金荣安分守己，除早晨上茶馆、晚上泡混堂外，基本蛰居家中，很少抛头露面。为表示将功赎罪，他写出了一份400多名青洪帮头目的花名册交给政府，关照手下门徒收敛行为，为自己留条后路。此时，属于他名下的房产、戏院仍归他所有。荒废的黄家花园园门紧闭，夏季他也不再去园中避暑了。

1950年"肃反"运动开始，上海市民对政府不杀黄金荣，让他"逍遥法外"本来就想不通，乘"肃反"要求严惩黄金荣的呼声四起。黄金荣十分恐惧，惶惶不可终日。上海市人民政府派代表召见黄金荣，向他宣布政府对他的政策不变，希望他主动写"悔过书"公开登报，向人民低头认罪。1951年5月20日，《文汇报》、《新闻报》发表了由黄金荣口述整理成文，由他亲笔签名的《黄金荣自白书》。

经过这一番惊吓，黄金荣身体每况愈下，随后发生的媳妇李志清卷款出逃的家庭丑闻，让他气急交加，精神和身体防线彻底坍塌，没拖多少日子便一病不起，于1953年6月20日离开了人世，时年86岁。后来的事情

* 黄金荣在大世界监督劳动
(1951)

反简单好办了,黄家花园收归国有。

1957年,上海市园林管理处决定将黄家花园辟为公园,拨款18万元着手重建。1958年8月1日,整修一新的公园向市民开放,因园中遍植桂花树,改名桂林公园。1980、1986年两次扩建,面积扩至52亩。

重建和整修,一切依照黄家花园固有风格进行,重点是古建筑修复和种植桂树。后者是花园园艺种植上的一大特色,建园时就种有各种桂树600多棵。

今天已无法弄清80年前黄家花园为什么会以桂花为特色,以桂树为基调的。它不像古猗园,园主闵士籍请竹刻名家朱三松设计园艺,而且嘉定自古多产竹,是竹刻之乡,所以一园之中遍植绿竹,自在情理之中。弄不清也无关紧要,一园之中多桂树,怎么说都是件大好事。

桂花是传统名贵香花,是十大名花之一。中国栽培桂花的历史已达2 500年以上,《上海名园志》在介绍桂林公园,谈到桂花时有一段史实介绍:

公元前111年,武帝破南越后,在上林苑中兴建扶荔宫,广植奇花异木,其中有桂花树100株。当时栽种的植物如甘蕉、蜜香、指甲花、龙眼、荔枝、橄榄、柑橘等,大多枯死,独桂花树存活了下来。到晋代,桂花的栽培得到进一步推广和发展……唐宋以后,桂花已被广泛用于庭园栽培观赏。

桂树因花香幽幽,沁人肺腑,闻之神清气爽,故古来当官者爱桂的故事俯拾皆是:白居易到苏州任刺史,将杭州天竺寺的桂树带往苏州城中栽种;唐宰相李德裕20年间收集大量桂树,引种到洛阳……文人骚客咏桂之作更是不胜枚举:"桂子中秋落,天香云外飘"(宋之问);"不是人间种,疑从月里来"(杨万里);"翩联桂花坠秋月,孤鸾惊啼商丝发"(李贺);

"昨夜西池凉露满,桂花吹断月中香"(李商隐)。

黄家花园的桂花树不仅在秋风里飘摇,满园香气阵阵,而且围绕桂树为主题,布置了坐亭赏桂、双虹卧波、荷风掠影、枕流听瀑等景观,在鸟语、花香、风声、雨声、花影、云影中隐无形之意,散有形之景,意境秀美深邃。

世界上有32种桂花品种,我国占27种,是桂花大国。整修后的桂林公园强化种植特色,在原有600棵的基础上,分别从江西、四川、湖北、广西等地大量引进新的桂花品种,使园内桂花品种更趋丰富多样,总数高达23个品种共1 000多棵,成为名副其实的桂花之园。每逢中秋佳节,桂花盛开,满园飘香,更兼园容整洁,环境优美,景色宜人,游人如梭,赏桂胜地逐渐成名。

上世纪90年代,公园管理部门倡导桂花文化,适时创办"上海桂花节"——每年中秋隆重举行以桂花为载体,以名园为效应的大型游园活动,广受欢迎,游客人数一年胜过一年,影响不断扩大。于是,原本由公园自办的"上海桂花节"改由徐汇区主办,规模效应进一步扩大。再后来升格为上海旅游节下的一个品牌项目——"唐韵中秋",每年中秋前后,成为中外游人到上海旅游的一个时尚活动,时间长达40余天。

"唐韵中秋"以中秋赏桂习俗为载体,在丰富多彩的娱乐活动中,弘扬传统节事文化,传承中华民族优秀传统,用特色项目丰富都市假日旅游市场。

2009年是迎世博、建国60周年大庆之年,"唐韵中秋"以"创欢乐和谐,迎上海世博"为主题,集演出、展示、游园、体验于一体,呈现团圆、和谐、欢乐的气氛。集中聚会的那一晚,皓月当空,圆月之下,中外游人品月饼,赏月色,抒心声,叙梦想,携手相约:共度危机,共迎世博,共创繁荣,其乐融融……

一座公园,一项种植,汇成特色,进而形成文化、娱乐相结合的一大品牌，那是桂林公园的骄傲！

（注：本节照片均为历史资料照片）

第二节　陵墓园林：光启公园

　　纪念性园林中的名人墓园。原为徐光启墓，建于明崇祯十四年（1641），屡遭损毁。1957年修缮，公布为上海市文物保护单位。1978年再次修缮，辟为公园，名南丹公园。1983年11月，为纪念徐光启逝世350周年，更名为光启公园。1988年1月被列为全国重点文物保护单位。

　　南丹路17号，门前蹲着一对大石狮，石狮后立着两座高约10米的青石华表，看上去虽然简朴，却透出一股森然肃穆之气。

　　沿门是一条弯曲的小河，一座八阶拱形石桥横跨在小河上，蹬阶站在桥上，正前方竖着一座牌坊，牌坊正中额题"文武元勋"，右题"熙朝元辅"，左题"王佐儒宗"。正中额题下有两行小字："明故光禄大夫太子太傅赠少保加赠太保礼部尚书兼文渊阁大学士徐文定公墓阙。"牌坊当中两根立柱上刻有一副对联：上联为"治历明农百世师经天纬地"，下联为"出将入相一个臣奋武揆文"。牌坊及其文字告诉人们，这是一座纪念性墓园，被纪念的是明末一位宰相级的人物，他辅佐皇帝，体恤百姓，治历（法）明农（业），修文治武，立下丰功伟绩。他就是徐文定，真名徐光启，"文定"是徐光启病逝后，崇祯皇帝"谥"给他的称号。

　　越过牌坊，后面是神道，两边分立着石羊、石马和石人，神道尽头是墓区，拱起的椭圆形土堆下，长眠着明末杰出的科学家徐光启。

　　光阴流逝，岁月更替，什么"光禄大夫"、"太子太傅"、"赠少保加赠

太保"、"礼部尚书兼文渊阁大学士",什么"文武元勋"、"熙朝元辅",附着在他身上显赫的官位和虚幻的光环,早为人们所忘却,人们记住的是,徐光启——一个中国历史上主动吸纳异域文明的典范,一个努力把西方文化和中国文化交相融汇的楷模与先驱。

在上海现有公园中,光启公园是唯一一座名人墓园。鲁迅公园中有鲁迅墓,但它不属于墓园,而是纪念性公园,园里有纪念鲁迅的墓和纪念馆。闸北公园曾经是名人墓园,叫宋公园,纪念辛亥革命先驱宋教仁,现改成茶文化公园。光启公园几建几毁,上海人因有这座墓园而感到骄傲,也把保护修缮这座墓园看成是自己的义务与责任!

上海历史上一位大写的上海人

上海日益开放,中外文化交流日益频繁,用今天的眼光看,徐光启是上海历史上一位大写的上海人。

明崇祯六年(1633)十一月八日,一代科学先驱徐光启睿智的大脑停止了思维,不幸在北京病逝,时年72岁。尽管屁股底下的龙椅已摇摇欲坠,但听到爱臣不幸辞世的讣闻,崇祯皇帝还是停朝三天,特地为徐光启

* 徐光启祖宅九间楼

* 徐光启和利玛窦雕像

赐祭,追赠赏谥,派专使护灵柩回乡(上海),并赐陵安葬,表示了极大的哀婉。

由于时局纷乱,徐光启灵柩回到上海未能及时安葬,直到七年后的崇祯十四年(1641),才由家人在离上海县城西门十里外的肇嘉浜、法华浜和蒲汇塘交汇处买了一块滩地安葬了。从此,这个墓地再没搬迁过,它就是今天的光启公园。再以后,徐氏后裔聚居在墓地周围,先称徐家库,后形成一个镇叫徐家汇。

明嘉靖四十一年(1562)四月,徐光启生于上海县城太卿坊(今黄浦区乔家路)。在南市老城厢地区,至今还保留着以他名字和谥号命名的光启路与文定路两条马路,他的故居九间楼和祠堂也依然还在。对于这位生于上海、长于上海的先贤,上海人始终牢记不忘。

徐光启出生时家道中落,从小过着勤劳简朴的生活,养成了务实、重农、安贫的性格。他7岁在龙华接受教育,从小聪明好学,胸怀大志,20岁中了秀才。此后屡试不第,考不上举人。因为家境贫寒,只好靠教馆为生,随所教家馆主人赵凤宇从上海赴广西浔州。一路乘船而下,途经江西赣州、广东韶州,开阔了眼界,增长了见识。在广东韶州,徐光启有幸结识了西方传教士郭居静,初步了解了天主教的教义和西方的科学知识。

明万历二十八年(1600),是徐光启人生中具有重大转折意义的一年。这一年,一个偶然的机会,徐光启看到了由意大利天主教耶稣会传教士利玛窦绘制的《坤舆万国全图》,即世界地图,才知道地球是圆的,摆在他面前的是一个广袤的未知世界。为此,徐光启专程赶到南京拜访利玛窦。两位中、西智者的这次相会结下的友谊,一直延续到400余年后的2007年,两人的后代子孙在上海相聚,成为中外文化交流史上的一段佳话。

这次相会,两人一见如故,相见恨晚。徐光启倾慕利玛窦的见识与博学,利玛窦仰慕徐光启的儒雅和才华,称他是"海内博物通达君子"。

万历三十二年(1604),徐光启再赴北京参加会试,中八十八名进士,殿试三甲五十二名,入翰林院当庶吉士,期满任翰林院检讨,开始了仕途生涯。也就在这一年,他与利玛窦合作翻译的《几何原本》前六卷在北京刻版刊行,并作序。这是徐光启学习、接受并向国人介绍西方科学的一次杰出贡献,也是中国最早出版的西方科学书籍。

翻译的过程是艰苦、认真又极其仔细的。《几何原本》是古希腊著名数学家欧几里得的经典之作,影响深远。白天徐光启忙于官务,晚上在宣武门一座教堂里,利玛窦逐字逐句口头翻译,徐光启字斟句酌反复推敲,然后对照原著进行审核,直到准确无误时再继续翻下一节。如此耗时两年,三易其稿,才完成这项艰巨工程。

翻译中,徐光启创造的点、线、面、平行线、直角、锐角等专用名词,精当贴切,一直沿用至今。这部近乎完美的数学翻译名著,引进了西方近代数学基本理论体系,被梁启超誉为"字字精金美玉,是千古不朽之作"。

尽管官越做越大,权倾一朝,但徐光启始终坚持科学研究,先后涉猎农学、天文、历法和数学等学科,在每个领域都有专门著述,作出了无可替代的贡献。

试举两例,以资佐证。

其一,《农政全书》,全书60卷,十二目,50多万字,一部中国农学史上最完备的古代农学百科全书,是徐光启在上海、天津对农业生产进行长期学习、研究和实践的结果,是他"躬执耒耜之器,亲尝草木之味,随时采集,兼之访问"的结晶。此书写于1625至1628年间,生前未刊刻问世,在徐光启去世6年后,由门生陈子龙整理后公开刊行。

其二,《崇祯历书》,共137卷,包括几十种各具专题的历法著作的总汇,是徐光启晚年奉崇祯皇帝旨意督领修历的主要成果。该书引进了第

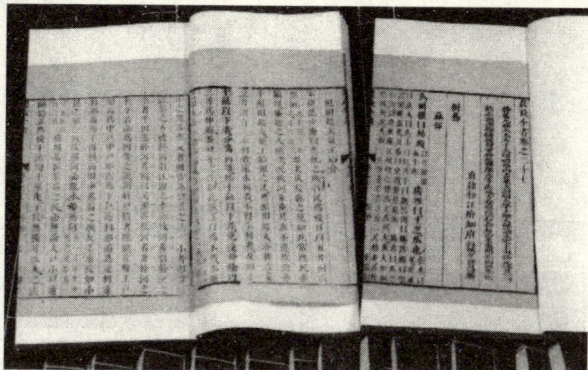

谷·布拉赫创立的天体运动体系和几何学的计算体系,以及地球为圆形和地理纬度的概念,从而破除了天圆地方的观念,极大地提高了日、月食和其他天文计算的精确度,引起历法史上的彻底革新,奠定了后300年天文历法的基础,使中国天文学从此纳入了与世界天文学共同发展的道路。

本书第一章第三节"醉白池"公园谈到,对于这样一位贡献卓越的科学先驱,该园"邦彦画像"竟因徐光启加入天主教为由,将徐光启排除在"邦彦"之外,实在有失公允。究其原因,系囿于思想的封闭与僵化使然。

万历三十年(1602),徐光启邀郭守静到上海开教,传播天主教教义。第二年在南京,徐光启加入天主教,是第一个加入天主教的上海人,也是将天主教义引进上海的第一人。在学习引进西方科学的同时,徐光启希望能借天主教教义弥补佛学与儒学的不足,挽救世道人间。

明末时局动荡不定,徐光启始终以开放、平和的心态对待西方科学,"欲求超胜,必须会通;欲求会通,必须翻译",翻译《几何原本》序中他说的这段话,换成现代语言,意思是要想超过西方,必须领会理解,在领会理解之前,必须先进行翻译。这种思想认识,即使放在今天也是值得称道的。

差不多距今400年前,一位上海人能有这样的远见卓识,那是值得今日上海人感到自豪与骄傲的！

闹中取静秀丽清新的园艺景色

20世纪80年代中期，徐家汇日见繁华，如今早已成为上海西部的商业中心。人流滚滚，车流串串，市声沸腾，往好里说是充满活力，换一种说法是太过嘈杂。相比较而言，毗邻的南丹路要静谧得多，尤其是漕溪北路以西的南丹路更是闹中取静。光启公园在西段的南丹路上，坐北朝南，20多亩面积，分成墓园、游憩和青少年活动三个相互联系的区域，园容小虽小，园艺布置不失紧凑纤巧，秀丽清新。

世事纷杂，沧桑多变，徐光启墓园几建几毁。墓葬共十个墓穴，主穴葬着徐光启和夫人吴氏，左右葬着四个孙子和孙媳。身为朝廷一品大臣，又是皇帝赐陵安葬，墓前原有石羊、石马、华表、墓碑、牌坊等，历经200多年风雨侵蚀，到19世纪末大多损坏，墓地也被挤占萎缩。

清光绪二十九年（1903），适逢徐光启逝世270周年纪念，上海地方政府对墓道进行整修，重新设置石马、石羊和华表。江南传教士为纪念徐光启入教300周年，自发集资在墓前立了一个大理石十字架，底座刻立架缘由，另附有两段拉丁文。近年有学者发现，其中一段文字是1641年徐光启下葬时外国神父潘国光写的，与墓园中一块纪念碑上的拉丁文字相同，翻译成中文的意思是：

伟大的中国学者徐保禄，他是帝国皇帝陛下内阁的著名大学士，由于接受了信仰，并在蒙教后热爱、弘扬天主教，成为超越年代的人。全体耶稣会士为表示感谢和爱慕，建立了这座纪念性建筑物。

原来这是一段西方传教士向徐光启表示致敬的文字。

民国二十二年（1933），在纪念徐光启逝世300周年纪念时，墓园又一次得到修缮，十字架围上了铁栏杆，下面筑起了水泥路和人造石栏杆。可这次修缮刚过去四年，日本人打进了上海，墓地遭人为破坏，石羊、石马、华表、牌坊残缺流失，树木花草枯败荒芜，草地被开垦成了菜畦。

呜呼，一代忧国忧民的先贤，九泉下有知，怕是会从墓穴中伸出手来表示强烈的抗议了！

好在很快世事大变，墓园迎来了新生。1957年，上海市文化局拨专款对墓地进行彻底整修，重建十字架及其基石，梳理修复园艺，种植花、树，并公布为上海市文物保护单位。同年5月1日，墓园更名为南丹公园，目的是为了吸引更多的人进园瞻仰、缅怀徐光启的丰功伟绩。

再以后，每一次修缮保护规格越提越高，非以往做法所能相比。作为上海唯一一座纪念性名人墓园，公园的声誉、影响不断扩大传播。

1981年，依明代惯例，将原墓穴改建成椭圆形大墓，高2.2米，占地300平方米。墓前竖一墓碑，著名数学家苏步青教授题写"徐光启墓"。

1983年，徐光启逝世350周年，重修、增建项目前所未有。南丹公园

* 徐光启墓，苏步青教授题写墓碑

改名光启公园，纪念主体更加明确；墓前小路拓建成150平方米花岗石坟台，建高1.2米、底座高1.6米的半身一品官服花岗石雕像，著名历史学家周谷城题写"徐光启像"，左右植龙柏及常青树；墓东侧建徐光启手迹碑廊；墓西侧有马一匹，墓前左右有水泥石凳围绕，墓后的托出长满青草，周围银杏、柏树林立。

1988年1月13日，国务院公布为全国重点文物保护单位，保护级别升至为最高级。

2003年，徐光启逝世370年，为了纪念这位伟大的科学家，弘扬他的科学精神和道德情操，徐汇区人民政府又一次对墓园进行大规模修建，园门前树起华表，重建石碑坊，墓道两侧安放石羊、石马、石人，墓前重立大十字架。

这就回到本文开头描写的那一幕：站在园门前小河的石桥上，面北望去，首先看到的是牌坊，然后是长长的墓道，墓道两旁是石羊、石马和石人；接着依次是大十字架、墓碑和高耸的坟茔，四周一片苍翠，整个墓区显得格外庄严肃穆。让一个生平与业绩象征上海文明的古人长眠于此，供后人缅怀、瞻仰，适得其所。

特别一提的是徐光启手迹碑廊和纪念馆，在那里可以更立体、全面地认识、了解上海历史上第一个真正意义的上海人。

徐光启手迹碑廊，在墓的左侧，长12米，廊壁上镶嵌着徐光启所著《几何原本·序》等5篇著作的手迹碑石6块，每块碑长0.9米、宽0.3米，共1 216字。读着碑石文字，看着那圆润秀丽的楷书，一位才学出众、志趣高远的上海先贤的形象仿佛就在眼前飘忽。长廊背后刻有载入《明史》、由清初学者查继佐撰写的《徐光启传》，书写者是上海著名古籍版本学家顾廷龙先生，还有著名画家程十发临摹的徐光启肖像。

徐光启纪念馆，在园的西侧，原本是距今500年前的上海古老民居

"南春华堂"，2003年从梅陇镇搬迁而来。古朴的老屋内按徐光启旧居摆设，安放着明式家具，窗棂为明式简洁的方格木窗。大小陈列室分别陈列着关于徐光启的文字、图片及书画作品，和用电脑三维技术复原的徐光启故居"微缩模型"。原在墓前的徐光启半身雕像移到室外的院子中。总之，整个展览馆展现了徐光启的生平家庭、科学成就、历史影响、墓地沿革，以及后人对他的缅怀和崇敬。

虽说是一座名人墓园，但并不缺少诱人的美景。伞亭、照壁、小景、水榭等建筑小品，点缀在红花绿树间；（园内）四面边界线上集中种植了水杉、女贞、黑松、泡桐、银杏等抗强性的常绿乔木，与园中的罗汉松、龙柏、广玉兰遥相呼应；更兼有夹竹桃、紫荆、腊梅、迎春、栀子花，金丝竹、南天竹、桃叶珊瑚等花灌木，一年四季景色浓郁。此外，五座蘑菇形单柱平顶凉亭组合成伞亭群，大小、高低不一，交错重叠，远看如童话世界。不大不小的荷花池中青翠的浮萍托着朵朵红色、黄色、白色的睡莲，红鲤鱼在荷花叶间隐若出现，池岸有各色小花相衬，其形其状，赏心悦目。

如此，或每天晨昏，或周末假日，放步园内，缅怀、凭吊古人之后，沿园中小径，到荷花池观鱼赏花，到水榭边凭栏观望，在树荫下小憩闲聊，心灵得到陶冶净化，精神倍感快慰，乐而不愿离开。

（注：本节照片选自上海市徐汇区文化局所编《科学先驱》一书）

第六章

发展中彰显人文个性

历经数十至上百年发展演变，上海园林逐步形成或强化人文内涵，在个性化道路上越走越远。

园林是人类社会发展的一种文化现象。作为发展到一定时期的产物，近代城市公园更是随着近代文化的变化而变化。不同风格的公园，实质是不同文化的标志。这不单纯是指园艺——由种植、建筑相结合而形成的园容园貌，同时包括相对独立的人文内容。从某种意义上说，后者对一座公园是否有鲜明个性，有着决定性意义。当然，这种"鲜明个性"并不是一开始就有的，而是在后来的发展中逐步形成的。

　　说到此，不由想到西方的一些公共园林，因人文内容丰富而享有盛誉。

　　挪威首都奥斯陆的维格朗雕塑公园，偌大的一座园子，从正门进去，中轴大道将公园一分为二，大道两旁排列着硕大的雕塑，张扬对生命的崇拜。总计214件作品，分成生命之桥、生命之泉、生命之树、生命之柱、生命之轮五组雕塑群，全是一个名叫维格朗的雕塑家的作品，有着强烈的个性色彩。漫步在中轴大道上，游人无不为其艺术的震撼力怦然心动。

　　奥地利首都维也纳的中央陵园，是全欧洲最大的陵园，也称音乐陵园，又称"名人之墓"，许多伟大的音乐灵魂安葬在这里。莫扎特、贝多芬、勃拉姆斯、舒伯特、施特劳斯家族，还有作曲家、指挥家等形形色色的历史人物。林立的墓碑扼要地介绍着他们的生平，静默的雕像、烛台及其他饰物，风格迥异，纷呈多姿。徜徉在园中，耳边仿佛有《蓝色的多瑙河》、《摇篮曲》等优美动人的旋律在飘荡。

　　无论是维格朗雕塑公园还是音乐家陵园，景色迷人，无可挑剔。前者广阔，枫树成林成片；后者绿茵浓密，悬铃木高大挺拔。然而，游人们不怕受车马之累，长途跋涉来到园中，并不是因为"这边风景独好"，而是这里有其他公园无法感受到的艺术化的"生命张扬"和对音乐家灵魂的赞颂。独特的人文内涵，使得维格朗雕塑公园和音乐家陵园名扬全球，来往游人川流不息。近十年来，出国旅游对许多中国人说并不是件特别奢侈的事情,因此在这两座公园里也时常有黄皮肤、黑眼睛的中国人的身影出现。

历经数十至上百年发展演变,上海园林逐步形成或强化了人文内涵,在个性化道路上越走越远。襄阳公园号称"围棋之园",弘扬中国传统文化;蓬莱公园以山石造景,收购明清两代石碑、石雕、石台、石凳,置于园中,有"石锦文化"园之称;南汇古钟园以明代抗倭古钟命名,园容园貌透着古老的气息……

第一节 从自然走向纪念:鲁迅公园

从英式风格的自然风景园演变为纪念性公园。19世纪末,由靶子场扩展成公园,初名新娱乐场,又名靶子场公园。1922年改名虹口公园,抗战胜利后改名中正公园,1951年复称虹口公园。1956年迁入鲁迅墓,建鲁迅纪念馆。为突出纪念鲁迅先生,1988年10月定名鲁迅公园。

建园之初,鲁迅公园是一座侨民公园。

让我们穿越时空,倒回到103年前的清光绪二十二年 (1896),英美租界工部局在宝山县金家库购得一片土地,建成专供"防卫"租界的万国义勇队训练用的靶子场。光绪二十七年 (1901),工部局在靶子场附近造公园,建园的发起者与资金提供者是租界娱乐场基金会,所以取名新娱乐场,又叫靶子场公园,两年后改名虹口娱乐场,1922年改名虹口公园。当时虹口一带日本侨民较多,他们把虹口公园称为新公园。

建园动因及其过程,决定了虹口公园是一座专为侨民服务的侨民公园。

1905年,粗具规模的公园正式开放,工部局规定:只有跟随西人的华籍随从人员或衣着整齐的西装华人才能进入。所谓"华籍随从",实际是

指西人的奴仆，他们在主子带领下才能进入公园；所谓"衣着整齐的西装华人"，实际是指"洋崽买办"，他们并没有独立的人格。这一规定本质上是限制中国人进入公园。1912年，工部局第二次规定：未征得同意之前，任何中国学生不得进入。1918年再次规定：美国学校中的中国教员可以进入娱乐场，但不准从正门进入，只能从黄陆路出入（边门）。这种种规定，完全是对中国人的歧视和侮辱。

抗日战争胜利后，虹口公园改名中正公园。这一局面未能维持几年，上海解放了，1951年恢复原名虹口公园。1956年，鲁迅先生的墓迁入公园，从园名到园貌，纪念性园林性质逐步凸现。1988年，上海市八届人大常委会第351次会议通过了13位人民代表的提案：虹口公园更名为鲁迅公园。

中国人民的心胸是博大的，鲁迅公园纪念的不仅仅是中华民族的民族之魂鲁迅先生，同时被纪念的还有一位异国的民族英雄——韩国义士尹奉吉。

体育、运动与自然风景园

光绪二十八年（1902），租界工部局采纳了英国风景专家斯德克的公园设计方案,建造面积约300亩的公园。斯德克对自己方案的阐述是:场内草坪如茵,树木高耸,花卉艳丽,湖水平静,假山奇巧,景色幽雅。根据这一描绘,未来的公园是一个典型的自然风景园。光绪三十一年(1905),苏格兰园艺及植物专家麦克雷戈就任园地监督。公园初成,被认为是堪与英国格拉斯哥公园相媲美的高水平公园。当时的上海报纸对公园作了如下的报道:

　　进了门是一条20尺(6.6m)宽的通道,夹在木兰花行中,当前展开着一片宏大的草地,为远东佳美者,它的直径有320尺(106m),在上面散步真是愉快之至。中间被一条小溪隔断,复被一座乡村式的木桥接连起来。一个音乐台置在丛林之中,到了夏天的晚上,工部局弦乐队就在此演奏。沿着走道种着洋槐、夹竹桃、桃树和一些非本地产的植物,从不同的角度布置,使它即蔽荫又透光。北段植着一篱笆常青树和英莲,五月开花之时,蔚为奇观。东西以长湖为界,那一边就是靶子场了。

　　读着这段文字,想象中由绿地、木桥、丛林和小溪组成的一幅写意山水画,恰是一派自然风光。

　　然而,至1935年江湾体育场建成以前,虹口公园一直是上海主要的体育活动场所。《上海资料研究》等书在介绍虹口公园时说:"与其说它是一个花园,不如说它是一个运动场。"

　　据各种资料显示,公园局部开放时就设有网球场,以后陆续增加了曲棍球、草地滚木球、高尔夫球、板球、足球、垒球等球场。1923年,园西北部造了露天游泳池。发展到30年代初,公园有足球场两个、草地滚木球场4个、草地网球场83个、硬地网球场5个、九穴高尔夫球场一个。能够到球场打球或去游泳池游泳的,只能是高鼻子、蓝眼睛的外国侨民。

　　有众多的体育场地,运动和比赛自然不会少。上世纪30年代,除了各类球类运动,每年还举办春季、夏季、冬季运动会。1933年公园开展运动节活动,全年约5.19万人次参加,共举办20次小型运动会,仅足球、曲棍球比赛就多达405场。现在每四年举办一次的东亚运动会,当时叫远东运动会,是20世纪初洲际性最大的运动会。1915年的第二届、1921年的第五届远东运动会在公园举行。中国、日本、菲律宾等国派运动员参加。第二届中国有150名运动员参加，比赛结果得93分，名列第一；菲律宾得73分，名列第二；日本得32分，位居第三。

体育之外还有音乐。凡英式园林，少不了有音乐亭或音乐台，以便定期举办音乐会。虹口公园音乐台和中山公园一样，呈半弧形状，乐队在台上演奏，旋律声浪反射到台下。台前是草坪，草坪上放着一排排坐椅。夏季夜晚，半空中挂满星斗，工部局音乐队在台上演奏。微风吹拂，悠扬的旋律流向草坪，坐在椅子的游人听得如醉如痴，物我两忘。

概括地说，虹口公园是一座以体育为主，集音乐、游园于一体的综合性公园，体现了英国人热爱自然的传统文化，以及在园林上对自然"写实"的欧洲风格。

* 建于 1929 年的饮水器

解放后，体育比赛和音乐欣赏无须在公园举行，它们分别有专门的比赛场馆和演出剧场。公园的功能回归本体，以充分满足休闲、娱乐需要为宗旨。为此，在保持英式自然风景园的同时，管理部门对公园进行了扩建与改造，在东、东北和西南三个方向向外延伸，总面积扩大到420亩。

起步并不十分显眼。既利用原有大门，又将大门内移，留出门外空地，避免游人出入拥挤；保留大草坪，将园路沿缓坡草坪布置，使之具有较大曲率而呈环形，富有优美的韵律感；草坪边缘点缀孤植树，树群和自然式花境、花丛，结构疏朗流畅；采用草地缓坡接水的方法，处理水和岸的关系，亲切自然；局部区域采用曲折小径，迂回通幽，用多种植物高密度栽植，形成视觉屏障，达到小中见大的中国古典园林的效果。

大手笔的动作是挖湖堆山。虹口区人民政府发动社会各界参加公园挖湖堆山义务劳动，半年时间中累计参加义务劳动达15万人次，挖出的土方，堆成一座占地4 000平方米、高22米的山，构成竖向主景，成为其余景观的终点和背景。挖出一个面积1.6万平方米的人工湖，扩展了原有水面。水系顺应公园的狭长地形，呈纵向伸展——水从山峰流下，注入一片小池，再流入大湖，继而分成溪流，从北向南，有分有聚，有动有静，把全园各功能区和景区、景点连成一体。

一系列的扩建与改造，确定了公园的基本形态，使之成为一座大型综合性游乐公园。这并没有改变公园的性质，真正改变公园性质的是1956年鲁迅墓的迁入。

纪念——"民族魂"长眠公园

虹口公园的纪念意义，并不始于对鲁迅先生的纪念。最早的纪念行为发生在1932年。那年4月19日，日本侵沪陆军总司令白川义则被韩国侨民尹奉吉炸死，日军在园内为他建造了一座纪念塔。抗战胜利，国民党陆军第71军为纪念阵亡将士，将白川纪念塔改为"阵亡将士纪念塔"。后来又被毁了。

两次富有戏剧性变化的纪念行为，与纪念鲁迅先生不可同日而语，后者高山仰止，前者（白川义则）遗臭万年。中国人民纪念鲁迅，是永久的纪念。

1936年10月19日上午，一代中国新文学奠基巨匠鲁迅先生不幸逝世，当天就由蔡元培、内山完造、宋庆龄、沈钧儒等著名人士组成治丧委员会，负责治丧事宜。那些天，凡一切不满黑暗统治，向往民主、平等、自由的人们，都为一颗伟大灵魂的远去而哀悼！10月22日，鲁迅先生的遗体安葬在上海万国公墓，自愿参加送葬行列的多达近万人，规模空前。

最初的鲁迅墓地只是一个小小的土堆，土堆后竖一块梯形水泥小墓碑，碑上镶着瓷制鲁迅像，下面刻着年仅7岁的儿子周海婴写的"鲁迅先生之墓"。对一位受到无数人爱戴崇敬的伟大文学家来说，这样一座墓地太简陋了！

1947年，鲁迅先生的好友和文化界人士，集资对墓地进行了改建。改建后的墓地为正方形，坐北朝南，面积64平方米，墓前有供瞻仰者献花的石花瓶，墓碑改成由许广平设计的野山式圆头墓碑，碑面嵌有椭圆形鲁迅像，周作人题写"鲁迅先生之墓"的碑文。和十年前相比，墓地虽然有了很大改善，但规模仍嫌狭小，尤其是鲁迅的墓穴竟与汉奸买办为邻，那是对鲁迅的亵渎！无奈黑夜如磐，寒风彻骨，挚爱鲁迅的人们无法改变不合理的一切。

1949年10月，天终于亮了！纪念鲁迅先生的重大举措迅速摆上了各级领导机构的议事日程：

1951年1月，有关方面在鲁迅故居大陆新村9号隔壁（10号）建立了鲁迅纪念馆。

1952年3月，华东文化部计划在虹口公园重建鲁迅墓，拟改虹口公园为鲁迅公园。理由充分而有说服力：鲁迅生前常到虹口公园散步；虹口公园离鲁迅故居不远；交通方便，便于群众和国际友人瞻仰参观。

　　1956年1月，国务院决定对虹口公园重新规划，在鲁迅逝世20周年时迁建鲁迅墓，建立鲁迅纪念馆。

　　随后，各项实际工作紧紧跟上。上海成立了由市长陈毅任主任委员的鲁迅坟墓迁建委员会；市文化局长张杰带着迁葬计划、鲁迅纪念馆设计模型专程赴北京，向中央领导请示汇报；鲁迅墓地由著名建筑师陈植设计，鲁迅纪念馆由著名建筑师汪定曾为主设计，鲁迅塑像由著名雕塑师萧傅久创作；中央拨建设费90万元用于公园改建工程。

　　1956年10月14日上午八时，鲁迅灵柩迁葬仪式在西郊万国公墓礼堂举行。巴金、金仲华代表上海人民向已从墓穴中取出的鲁迅灵柩覆盖沈钧儒书写的"民族魂"黑字白缎锦幅，配红缎棺罩，由茅盾、周扬、许广平等将灵柩扶上灵车，运往虹口公园。

　　虹口公园门口，宋庆龄、茅盾、柯庆施等各界人士2 000余人肃立恭迎，将鲁迅灵柩从公园门口缓缓移向墓地下葬。

　　起灵、运灵、下葬、迁葬仪式简单庄重，表现了上海人民对这位"横眉冷对千夫指，俯首甘为孺子牛"的伟大思想家与文学家的无比热爱与崇敬。10月25日，迁墓工作全部完成。

　　改建后的虹口公园，鲁迅墓地位于园中主景位置，周围有鲁迅纪念亭和鲁迅纪念馆，构成纪念性主体景区。附带纪念意义的还有松竹梅、中日友好纪念钟等景区。

　　鲁迅墓简朴庄严，体现了以陈毅市长为主任的迁建委员会定下的设计原则："真实地表达鲁迅先生英勇刚毅的性格，艰苦奋斗的精神和热爱人民、谦逊朴实的作风。"关于鲁迅墓地的具体情况，沈整权先生在其《上

* 鲁迅墓、雕像和纪念馆

海,有座鲁迅公园》一文中作了详细的描写,现抄录如下:

墓地位于公园的中部,用2000多块细密紧实的苏州金山花岗石筑成,呈长方形,分三层平台。第一层与道路连成一个小广场;第二层平台中间是一块长方形天鹅绒的草地,草地中央矗立着鲁迅铜像,平台两侧各有一个封闭式树坛,里面植有樱花、海棠、腊梅等花木;第三层平台上种植两棵鲁迅生前喜爱的广玉兰,枝叶茂盛,挺拔秀丽。正面是一座高为5.28米、宽10米,由花岗石筑成的照壁,上面镌刻着毛泽东的鎏金手书:鲁迅先生之墓。照壁下安放着墓椁,上面用花岗石覆盖,两旁植有鲁迅夫人许广平和儿子周海婴亲手栽种的桧柏。平台两侧墓道为石柱花廊,植有紫藤、凌霄。花廊下有长条坐石,人们可在此对伟大的鲁迅进行追思和默念。

墓地前的鲁迅铜像高2.10米,造型是鲁迅坐在藤椅上,左手执书,右手放在藤椅的扶手上,神态平和安详。基座上刻着"1881—1936"鲁迅的生卒年份,上部的花饰浮雕移用《坟》一书扉页的云彩,那原是鲁迅先生亲自设计的。

邻近不远的鲁迅纪念馆,造型明快简朴,主面是白色墙面,屋顶铺青灰色瓦,加马头式山墙,有浓厚的江南民居风格。

植物造景方面多有创新,用植物衬托传达纪念的文化内涵。墓地及园中常绿树比重大,寓意鲁迅先生精神永存;松竹梅景区的松柏、竹子、腊梅,寓意鲁迅先生不畏强暴、战斗一生的坚毅性格;桃李阁的桃、李、杏、梅,寓意鲁迅先生桃李满天下;湖、池中除睡莲外又种植许多荷花,寓意鲁迅先生出污泥而不染的高风亮节。

1961年3月,鲁迅墓被国务院公布为全国重点文物保护单位。1988年,改名鲁迅公园。至此从名到实,完成了一座自然风景园向纪念性公园的转型。

近30年，一批批群众在墓前瞻仰，到纪念馆参观；100多个国家的数百万友人在园中留下了足迹。许多外国朋友深情地表示："鲁迅不仅属于中国人民，也属于全世界人民。"年轻时鲁迅在日本留学，每年来园中拜谒的日本友人都在10万人以上。来了一批，走了；走了一批，又来了，留下的是樱花树、樱花亭和樱花园……

梅园：一个韩国爱国者的故事

梅园是园中之园。同样是纪念，梅园纪念的是韩国民族英雄尹奉吉。

鲁迅公园并不是唯一设立标志，纪念外国人的公园。虹口区霍山公园有犹太难民纪念碑，纪念第二次世界大战中在上海避难的犹太难民。上海是救助犹太人最多的城市之一，犹太难民主要聚居在虹口提篮桥地区。不同的是，霍山公园纪念的是一群犹太人，鲁迅公园纪念的是一个韩国人。

尹奉吉的故事惨烈而悲壮。

离梅园门不远有一块刻着中韩两种文字的石碑，介绍尹奉吉的生平事迹：

* 尹奉吉义举现场，石碑刻有尹奉吉生平事迹

* 梅轩（原名梅亭）

* 尹奉吉灵柩运回国内受到万众瞻仰

尹奉吉，号梅轩。韩国人，一九零八年六月二十一日生于高丽忠清南道，早年便投身于抗日救国活动。一九三零年逃亡中国。一九三二年四月二十九日，日本侵略军在此举行淞沪战役祝捷阅兵大会，尹奉吉乔装入场，投弹炸毙日本侵沪派遣军司令白川义则大将等，炸伤多名重要官员，尹当场被捕。一九三二年十二月十九日，尹奉吉在日本金泽英勇就义。

介绍中提到的"投弹炸死日本侵沪派遣军司令"，在许多反映上海抗战的影视作品中被描写为"公园大爆炸"事件，立碑处是当年尹奉吉施行义举的地方。为爱国抗战，尹奉吉舍生忘死，英勇事迹可歌可泣。他的壮举，客观上也帮助了中国人民的抗战事业。

抗战胜利后，韩国政府从日本把尹奉吉的遗体运回国内安葬，尊其为民族英雄,建立纪念堂,设立"梅轩事业纪念会",每年举行纪念活动。1988年中韩两国建交,从此每年4月29日,梅轩事业纪念会都来鲁迅公园举行追慕仪式。1993年7月,鲁迅公园建造梅亭,后改名梅轩。第二年辟建梅园,借此表达中国人民对尹奉吉的崇高敬意。

梅园占地6 500平方米,中心区是纪念亭所在的用黄石堆积的假山,一块块巨大的岩石给人以坚固凝重的感觉,表达了永恒的纪念意义和深邃意境。纪念亭上下两层,是一座方亭,样式以韩国"梅轩"纪念亭为基础,按尹奉吉家乡民居形式予以简化,再参照中国园林中亭的概念及公园景观现状综合而成,庄重、高洁、大气。亭前有200平方米广场,可供近百人作追慕祭悼之用。

从纪念亭入山路,是特意设计的梅林,林中遍植红梅、绿梅、白梅。尹奉吉号梅轩,梅花在寒冬冰雪中盛开,借以表现尹奉吉崇高的民族气节。梅亭北面植有韩国国花金达莱(学名木槿),两花相映,象征中韩两国人民的深厚友谊。

梅亭、梅园建成后,韩国总统金泳三、总理李洪九,以及金大中、黄夏荣、闵形基等韩国政府高级官员及各界人士,纷纷前来参观访问,鲁迅公园因此有了国际性纪念意义。

从历史到现代,经历百年动荡演变,今天的鲁迅公园,既与历史一脉相承,又有鲜明的时代特征,是一座充满朝气与活力的现代城市花园。

(注:除历史资料照片外,本节照片由鲁迅公园提供)

第二节 以茶会友:闸北公园

原为纪念性园林,纪念近代民主革命先驱、华兴会、同盟会和国民党创始人之一的宋教仁。园中有宋教仁墓,1914年落成,取名宋公园。1946年改名教仁公园。1950年改名闸北公园,为自然式园林。1994年成为上海首家茶文化公园,是每年一度的上海国际茶文化节的主要活动场所。

共和新路、洛川东路交界的西北角,是闸北公园的正大门,门前广场花坛中央,绿树丛中矗立着一把特大造型的提梁铜茶壶。壶高3.1米,直径2.5米。据说,为造此壶用去0.5毫米厚的黄铜板1.5吨。壶体金黄,呈倾斜状,似向壶嘴下的茶杯倒茶。

随后的细部刻化与附件配套,全部围绕提梁铜茶壶的象征意义作强化处理。壶体上镶嵌着著名书法家赵冷月题写的"壶王迎客"四个大字;壶前放一个直径约2米、高0.25米的铜茶碟,上置一只铜茶杯,正好候着倾斜的壶嘴;茶碟下原有一个特大的基座,贴黑色瓷砖,正面刻有"云海壶王,以茶会友"的金字铭文。因被人偷走,现只剩下茶碟上的铜茶杯了。

极具夸张色彩的这组茶具模型制作,如一幅立体广告,形象地告诉人们,它身后的公园是一座专事弘扬(中国)茶文化的公园。

事实也的确如此。自1994年起,每年一度的上海国际茶文化节,闸北公园是重要活动场所，也是上海唯一一座茶文化公园。

为纪念一位脚踏恶蛇的雄鹰

闸北公园最初是一座纪念性名人墓园，纪念的是近代民主革命先驱、华兴会、同盟会和国民党创始人之一的宋教仁。

走进公园中央，宋教仁墓还在。长眠墓下的英灵如果知道，在他逝世将近百年的今天，人们还在敬仰和怀念他，定会感到无限欣慰的。

墓地呈正方形，四周砌有24根圆头方柱，连成围栏。跨上八级台阶，坐北朝南的半球状墓体前，立有"宋教仁先生之墓"的花岗石墓碑。墓顶上雕有一只脚踏恶蛇的雄鹰，象征宋教仁先生与封建势力顽强搏斗的精

* 宋教仁墓及雕像

神。墓体四周广植龙柏、广玉兰、香樟和月季等花木,气氛庄严而肃穆。

一位反封建的坚强斗士,当革命事业初见成效,又身负重任,立志为新的目标继续战斗之际,惨遭封建卫道者暗杀,倒在血泊之中,让后人唏嘘不已。

宋教仁,1882年生于湖南桃源,早年留学日本。1905年参加同盟会,积极促进反清武昌起义和江浙起义。辛亥革命胜利,他参加筹建临时政府与南北义和。1912年8月,以同盟会成员为主要骨干的国民党在北京成立,宋教仁代理党务工作。

1912年12月,中华民国举行第一次国会选举,国民党占据绝对优势,获得多数席位。宋教仁备受鼓舞,立志把国民党创办为一个大党,与投机辛亥革命的野心家、封建卫道士袁世凯进行合法斗争。然而,迎接善良愿望的却是卑鄙的阴谋,一张死亡的网已悄悄向他张开。

1913年3月20日晚,宋教仁在黄兴、廖仲恺、于右任等陪同下前往铁路沪宁车站(上海北站),准备北上组阁。10时45分,宋教仁步出休息室,遭到袁世凯、赵秉钧派出的枪手狙击,腰部中弹,伤势十分严重。于右任等人急忙将他送往铁路沪宁医院进行抢救,终因弹头染有剧毒,抢救无效,于22日凌晨逝世,时年31岁。

宋教仁壮志未酬,英年早逝,不是死于战场而是死于谋杀,国民党内群情激奋。4月21日,国民党人在上海举行追悼大会,参加者两万余人。孙中山先生悲壮地称:"为宪法流血,公真第一人"。公者,宋教仁也!

国民党人谭人凤致电政府:"为宋教仁铸像,开设公园"。国民党原准备在徐家汇附近购地100余亩,后考虑该处离宋教仁遇难处过远,遂在靠近北火车站的宝山县象仪巷购地102亩,其中43亩建设墓园,其余土地交给守墓人耕种,收获归守墓人,国民党不再另给工资。6月24日,国民党为宋教仁举行隆重的落葬礼。1914年6月,宋墓工程竣工,习称宋公园,通称宋园,国民党元老谭延闿题写了园名。

宋教仁墓不单纯是一座墓台与墓碑,它包括离墓台十米处的一座宋教仁石雕坐像。像高1.5米,宋教仁身穿西装,左手执书放于膝盖上,右手托腮,撑于坐椅的扶手上,神态亲切,一个儒雅的智者形象。坐像下是一米高的大理石基座,正面刻着宋教仁的号"渔父"二字,系著名国民党人章炳麟的篆书手迹,背面刻着国民党元老于右任撰写的碑文:

先生之死,天下惜之。先生之行,天下知之。吾又何记。为直笔乎?直笔人戮。为曲笔乎?曲笔天诛。於乎! 嗟嗟九泉之泪,天下之血。老友之笔,贼人之铁! 勒之空山,期之良史。铭诸心肝,质诸天地。

一个学古留洋,为革命奔走的有为青年,以"渔父"为号;为战友撰写碑文,于右任竟自感慨:"吾又何记"? "为直笔乎? 直笔人戮";"为曲笔乎? 曲笔天诛",读之品之,让人默而无语,也让人思绪涌动。

宋教仁墓与雕像建成后,引起了社会的广泛关注。闸北商界专门设立宋墓管理委员会,宝山县当局将墓园东侧的县道改筑成水泥路,可通马车,定名为宋公园路,以示对宋教仁先生的敬仰与怀念之情。1925年8月,由国民党左派和共产党人领导的国民党江苏省党部在上海成立,柳亚子等十数人一起前往宋教仁墓地凭吊并摄影留念。

只是,这样不忘先烈的局面未能维持多久。国民党很快右转,国力疲弱,战争频仍,加之地处郊远,车少人稀,十分冷落,公园因无专人管养,杂草丛生,一片荒芜。1929年,上海市特别市政府第132号市政会议拨款修缮宋公园,决定向市民开放,但收效不大。1946年初,历经八年抗战,公园久无人烟,一派萧瑟。上海市政府重新整治宋公园,改名教仁公园,希望借英烈之名唤起市民前往瞻仰。又终因规模有限,时开时闭,寂寞依然。

无法挽回的颓势,冥冥之中传递出某种暗示……

再后来,公园已不止是空寂无人,衰草丛生,更具讽刺意味的是,本是英烈安息的圣洁之地,竟成了杀人的刑场。1949年5月,人民解放军挥师南下,直逼上海,国民党反动当局垂死挣扎,实行惨绝人寰的大捕杀。

从5月9日至21日,短短13天里,在宋公园枪杀、活埋的爱国志士多达43人。著名的公安四烈士,上海交通大学学生、优秀共产党员穆汉祥、史霄雯都在宋公园英勇牺牲。一时间,宋公园血流成河,花草失色。

上海解放第四天,陈毅市长批示寻找烈士遗体,重新进行安葬,并为穆汉祥、史霄雯烈士墓碑题词:"为人民利益而光荣就义是永远值得纪念的。"

1960年,闸北公园在园内南侧兴建游泳池,挖出百余具尸骨,有的还带着手铐、脚镣,惨烈之状,目不忍睹。纪念先贤的公园,一转眼成了杀人的屠场,那是对人民的反动,更是对先贤之灵的侮辱! 这样的政权,这样的统治,必然走向消亡!

阴霾退去,迎来的是明朗的春天。上海市人民政府立即对宋公园进行修缮,整理墓地,扩大面积。1959年又再次扩大面积,占地180余亩,10月对外开放,改名闸北公园。

此时,昔日的墓园已变成由东至西呈长方形,采取自然式布局的自然式公园。园西部以宋墓为主,其后有土山、荷花池。园中部为主景区,有一个面积一万多平方米的园湖,水面宽狭不一,岸线曲折多变。湖中有两座大岛,岛上有假山,高低错落。主建筑春晖堂在园湖东端,亭、榭多在岛中或沿湖岸而建。园东部为林区、草坪和儿童园。虽称不上是美景无限,一派诗情画意,但也景色宜人,满眼葱绿,成为闸北地区主要游憩、锻炼和开展各种活动的重要场所。进得园中,游人们不忘瞻仰宋墓,追思这位近代民主革命的先驱。

1980年11月，为筹备纪念辛亥革命70周年，上海市人民政府再次拨款对宋墓进行整治，被损坏的墓碑、墓顶上的雄鹰雕塑全部修复，墓区范围超过先前的规模。第二年8月1日，整治工作竣工，时任中共上海市委第一书记的陈国栋和市人大、市政府、市政协等领导，上海各界人士百余人到墓前瞻仰凭吊。

　　1981年8月15日，宋教仁墓被列为上海市文物保护单位。

以茶会友弘扬绿色文化

　　绿色文化，即茶文化。

　　20世纪90年代初，上海的改革开放向纵深发展。从"文化搭台，经济唱戏"，到"经济搭台，文化登场"，经济与文化的关系日益密切。1994年，首届上海国际茶文化节应运而生。这是经国务院文化部批准的上海市一级"国际性"三大节中的一个，另两个是上海国际旅游节和上海国际艺术节。

　　上海国际茶文化节落户闸北区，由闸北区人民政府承办，每年一届，自1994年举办第一届以来，已连办十六届，成为中外茶界人士交流茶道、展示茶文明、研究茶学理论、开展茶叶贸易的重要平台，造就了沪上最大的茶楼宋园茶艺馆、茶文化游园和茶文化展示重要场所的闸北公园，以及占全市茶叶年交易量半壁江山的大统路茶叶市场。

　　十六届的上海国际茶文化节成绩斐然，闸北公园因此完成了从纪念性自然式园林向茶文化主题公园的转换。同样是十六届的国际茶文化节，有声和无声的疑问从未间断：上海不出产茶叶，国际茶文化节为什么在上海举办？闸北区在上海各区县中并不处于领先地位，国际茶文化节为什么落户闸北区？两个疑问，乍一听很有些道理，但往深里一想，其实不然。借用哲学上的一句述语，上海举办国际茶文化节，闸北区负责承办,偶然性中隐藏了必然。

上海不出产茶叶,但上海市民年人均消费茶叶量超过1 000克,名列各省市、自治区前茅。作为一个"码头",明清时期上海就成为全国重要的茶叶通商口岸。长时期从事茶叶交易,上海形成了一支全国一流的鉴茶、品茶队伍,几无其他省市、自治区能够匹配。无可替代的这些优越条件,使上海成为举办国际茶文化节的首选之地。由上海打出国际茶文节的旗号,品茶、评茶,交流茶学研究,客观公允,对内对外都具有号召力和权威性。

正因为如此,国际茶文化节的点子首先出自上海,而且就出在承办上海国际茶文节的闸北区。

因为相对比较落后,闸北区曾经被老上海人称为"下只角"。改革开放后,全区人奋起直追。区文化局办了个文化艺术节,每年一届,因缺乏特色,几年办下来成效不大。为寻求新的突破,文化局领导召集区内大小文人墨客和有关新闻记者,聚集在位于闸北公园北部的区革命史料陈列室集思广益。每次聚会,清茶一杯,来者海阔天空,畅所欲言,智慧的火花一点点迸发。

有人谈到,离闸北公园不远的公兴桥、柳营桥,早先是船码头,各地运往上海的茶叶在这里集散。也有人谈到,当代"茶圣"、曾任农业部副部长的吴觉农,建国前在闸北地区生活了七年,主要从事茶的销售与研究。还有人谈到,改革开放之初,洋饮料咖啡风靡沪上,一句"雀巢咖啡,味道好极了"的广告词,家喻户晓。一时间,送礼送咖啡,招待客人喝咖啡,成为一种时髦。中国人的国饮——茶退到了第二位。但热闹过后,一切复归平静。咖啡不可能替代茶,茶的前途一片灿烂。

七嘴八舌,思路变得越来越晰。文化艺术节不搞了,改办茶文化节,规模搞成"国际性"的,能体现闸北的优势,也能做大做强。思路一开窍,理性的创意很快形成：办上海国际茶文化节，每年一届，时间在4月份新茶上市之际，主题是"茶·品味健康与生活"。再后来，逐级上报审批，一直报到国务院文化部。当文化部批准同意后，承办的任务落到了闸北区。因为，上海国际茶文化节从酝酿到公开提出，闸北区拥有"知识产权"。

1991年7月，利用闸北革命史料室原有房屋，宋园茶艺馆率先成立。取名宋园，一是中国的茶起于唐，兴于宋；二是闸北公园原名宋公园。此后，宋园茶艺馆成为上海国际茶文化节的发祥地和中外茶文化交流的活动中心。

1994年，首届上海国际茶文化节开幕式在闸北公园举行，以后历届都以闸北公园为主，开展有关"中国茶"的大型游园活动。配合茶文化节，园内园外新建了壶王迎客、茶圣陆羽雕像、李时珍雕像、春来茶馆、茶树台、千壶塔、古戏台、晚清门楼和茶科普长廊等十余处特色景观。其中壶王迎客在园外大门前，茶圣陆羽雕像在园内大道尽头，园内园外相呼应，突出了茶文化主题公园的应有形象。

一年一届的国际茶文化节，闸北公园成了展示茶文化的海洋。已经过去的无法再现，读着留下的文字还是能让人感受到曾经有过的热烈场面。请看2006年4月9日《解放日报》关于第十三届上海国际茶文化节游

* 茶圣陆羽雕像

园活动的报道：

"百万家庭学礼仪"茶文化展示暨千人品茗活动昨天在闸北公园举行。这也是第十三届上海国际茶文化节的序幕之一。

上面摘录的是报道的导语，为节省篇幅，下面的摘录是原报道中的主要内容。

——春来茶馆。随着优雅的乐声，50名来自中小学校的"小茶人"开始了茶艺表演：温壶、注茶、刮沫、注汤、点茶、闻香、品饮，一壶潮州功夫茶泡得颇具神韵。

——古戏台前。中老年茶艺比赛和茶艺文化"天天演"，其中穿插着不少有关茶文化的知识，如茶叶储存的方法、新茶与陈茶的区别，茶与健康的关系等。

——大草坪。"茶与礼仪"大学堂将茶文化与礼仪知识结合起来，讲授茶的礼仪礼节。

——书画室。爱好书画的市民以特殊的形式为茶文化添上一笔，在80平方米的白绢上书写各种字体的"茶"字……

一年一度的上海国际茶文化节，吸引了国内近30个省市自治区、港澳特区、台湾地区的各界人士，日本、韩国、法国、美国、摩洛哥等20余个国家的国际友人，以及上海各界人士和市民，总计200多万人次积极参与。彼此因茶结缘，以茶会友，共同营造团结和谐的氛围。在上述报道中，每一个场面的活动都有国际友人参加。

宋园茶艺馆在茶文化节期间是中外茶文化交流活动的中心，其余时

* 外国游客在宋园茶艺馆品茶

* 宋园茶艺馆

间则是一个融茶文化、茶经济、茶科技于一体的茶艺馆。3 400平方米的营业面积,使它成为亚太地区最大的茶楼。馆中推出的茶艺表演全市闻名,近年来发展到走出舞台,走进校园,走进社区,走进工地,在茶艺表演中传播茶文化基础知识,让茶和大众的生活发生联系。

馆中日常经营,以较低的价位,让普通大众"跨得进宋园门槛,坐得上宋园厅堂"。形式上,品茗与听评弹、玩书画、赏奇石相结合,一动一静,相得益彰。于是,一杯清茶在手,白发老人或听评弹,或习书画,或赏奇石,各乐其乐;"新上海人"倾心交谈,互通信息,各取所需;苦闷之人排忧解闷,愁消气散,转忧为喜。

经过16年打造,上海国际茶文化节已成为一个知名品牌,如何在这个品牌下,继续做好弘扬绿色文化这篇大文章,闸北公园和宋园茶艺馆正在酝酿新的举措。

（注：本节照片为新拍和由宋园茶艺馆提供）

第七章

张扬人与生态的互相融合

新时期带来的新思考。在丰富多彩的实践中，园林人的绿化价值观发生了深刻变化，提出了新的建设方向——生态园林，并由此进入了跨越式发展的新阶段。

事物的发展是曲折的。

一个无可否认的事实——新中国成立后，上海园林建设在取得巨大成绩的同时，也经历了许多风风雨雨。

许多事至今仍记忆犹新。

20世纪60年代初期，不断滋生膨胀的"左"的思潮，认为园林绿化可有可无，甚至污蔑是"为资产阶级服务"、"腐蚀劳动人民心灵"的毒品。临到十年文化大革命，无知加狂热，"革命行动"发展到登峰造极的地步。黑白颠倒，曲直易位，香花成了毒草。在反对"封、资、修"的高压政治下，园林机关停止办公，园林科研机构撤销解散，园林技工学校歇学关门；在建的园林工程陆续下马；毁景破绿，公园里挖起了防空洞，建造游泳池；还有工厂、机关、学校的花园被挤占侵用……今天听来，是何等荒唐，何等的不可思议！但在30多年前却是实实在在发生过的事情。

于是整整十年，上海没有新建一座公园，绿地面积非但没有增加，反而大幅度减少。这不免让人心疼，也让人有些心碎。

庆幸的是这一页很快翻过去了。当第二个春天到来的时候，园林绿化事业开始了新的起步，被颠倒的一切重新颠倒过来。建公园，辟绿地……各项工作有条不紊地迅速恢复，曾经有过的热闹场面重新出现了。

时代毕竟不一样了。

思想解放，观念更新，改革开放，加速发展，园林绿化不再单纯是为了多建几座公园，多辟几块绿地。伴随上海社会经济快速发展和世界园林绿化发展趋势，园林绿化建设面临新的课题。比如园林与旅游、园林与环境、园林与人的关系，该如何调节处理？这是新时期带来的新思考。在丰富多彩的实践中，园林人的绿化价值观发生了深刻变化，提出了新的建设方向——生态园林，并由此进入了跨越式发展的新阶段。

观念变化孕育着理论的新探讨。早在20年前，上海园林管理部门就编辑出版了《生态园林论文集》，时任上海市副市长的倪天增为论文集作序，他写到："生态园林提出不是偶然的，它既有历史发展的积累和深化，也有时代背景的孕育。它既继承了传统园林的经验，又适应现代化的发展。从过去单纯的观赏和作为城市装饰的性质，向着为改善人类生存环境，保护城市生态平衡的高度转化。"这样的认识，当时是比较超前的。它不仅是主管市长的认识，也是上海园林人的共同认识。

在这样的思想认识指导下，公园建设、绿地开发、环城绿带、郊区森林、湿地保护、林果产业等都取得了长足发展。反映在公园建设方面，大观园、植物园、世纪公园陆续建成开放，上海公园类型更加齐全，分布更趋合理，堪称大气魄、大手笔的创举。在文化层面上，它们是"海派"风格的延续与发展，是"新海派"。

第一节　江南造红楼：上海大观园

仿古典园林。《红楼梦》中的大观园被请出书本，一变为淀山湖畔的人间仙境，是文学艺术与园林艺术相结合的成功创举。1984年5月，怡红院率先建成，边开放边建设；1988年10月全部竣工，耗时近10年。十余组仿古建筑，20多个景点，集生态、文化、景观、游览于一体，成为具有江南水乡特色的园林游览区。

一部《红楼梦》，说不尽的大观园。

红学专家不断考证大观园在哪里，有人说南京的随园是大观园，有人说北京的恭王府是大观园，各自旁征博引，言词凿凿，争论不休。

1909年，犹太人哈同在上海建爱俪园，80余处景点，目不暇接，人称

"海上大观园"。

1911年，无锡人杨令弗女士首创制作大观园模型，把大观园"请"出《红楼梦》，技惊四方。1963年在"曹雪芹逝世二百年纪念展览会"上，大观园模型在日本东京和北京展出，引起轰动。

"衔山抱水建来精，天上人间诸景备"的大观园，让无数人魂牵梦绕，这足以说明曹雪芹是一位伟大的作家，《红楼梦》是一部不朽的名著。

随着时间的推移，人们不满足从文字的描写中品味"红楼"的意境，从精巧的模型中看玉苑琼林般的胜景，美丽的梦想长时间萦绕着，人们希望走进大观园，走进怡红院，走进潇湘馆……

20世纪70年代末，乘着改革开放的强劲东风，浪漫的设想终于化为行动。根据曹雪芹的匠心描绘，大观园走出了书本，在青浦县淀山湖畔和鼋荡湖之间的一片绿洲上崛起——上海大观园，第一座人间大观园，它是文学艺术和园林艺术相结合的成功创举。几乎在同时，为拍电视连续剧《红楼梦》，北京造了一座大观园，河北正定造了一座荣国府。三家"红楼"建筑各有千秋，上海大观园地处水乡泽国，更具江南特色。

著名红学家周汝昌游罢上海大观园，留下数首七绝，现选其中一绝，以作共飨：

眼中平地起楼台，几树垂杨认旧栽；
昔日荒畦今锦绣，九洲冠盖慕名来。

恰如其分。今日上海大观园已成为著名游览园林，一年四季，人流不绝。

前瞻与浪漫，孕育水乡新亮点

上海大观园建园10周年纪念册，16开本，薄薄的12页，铜版纸印刷，

* 二十世纪八十年代前的杨舍村,一派田
园风光

233

每页几帧照片配一段文字，一页一个主题。翻到第四页，主题"创业回眸"，配四帧照片。第一帧，一只小木船飘行在水中，那是农家人用来运输和捕捞的小船，船上的人从水中捞着什么。第二帧，几个男女农民在田中挖泥松土，紧张地劳动着。另两帧照片，是同一块土地远景与近景的拍摄。画面告诉人们，这是一片农田。

配合四帧照片的文字，饱含深情，字里行间透出一股自豪：

> 这是一方宝地，这是一组珍贵的照片。
>
> 这里曾经是江南农村田园风光，一望无际的稻田和九龙戏珠的风水。一部名著在她诞生二百年后，改变了这里的一切，成了举世瞩目的游览胜地。
>
> 这组黑白照片记录了昨天的创业和一代人美好的追求……

照片和文字说明，明白无误地告诉人们，上海大观园所在的这块土地，原是江南水乡富饶的农田。

追根溯源，这块土地地处上海青浦区，夹在淀山湖与鼋荡湖两片水域之间，属于一个名叫杨舍村的农业生产大队。而杨舍村命运改变的直接动因，源于当时上海市领导作出的一个重大决策。《上海园林史话》在一篇谈及大观园建设的长文中，对这一决策过程做了详细的介绍。

1978年，在中国当代历史上是具有里程碑意义的一年。这一年年底召开的党的十一届三中全会，确立了实事求是的思想路线，拨正了社会主义建设的方向，改革开放的大潮在960万平方公里的土地上开始涌动萌发。作为"文革"的重灾区，上海此时却挺立在这场大潮的浪尖上，进入了快速发展的跑道。

十一届三中全会召开不久，上海召开了发展旅游事业的会议，时任上海市长的彭冲和上海市园林管理局领导谈到,近悦远来,上海今后国内外的客人会增多,商贸、旅游都会热起来,但上海的旅游景点太少,为市民着想,也为旅游者考虑,应该趁早动手在上海市郊建设一些优美景点。30年后,当旅游成为拉动国民经济发展的重要产业,每年旅游旺季,来自海内外的旅游者在上海大街小巷川流不息时,回过头来看那次旅游会议,感到十分欣慰。未雨绸缪,它充分说明上海人目光敏锐,意识超前。"为市民着想,也为旅游者考虑,应该趁早动手在上海市郊建设一些优美景点。"彭冲市长朴实的语言,传达了一个前瞻性的决策。

旅游会议结束后,上海市园林管理局行动迅速,立即会同市规划部门在市郊实地调查踏勘,决定在青浦县淀山湖畔杨舍村建设一个风景游览区。

这是一方宝地。一边是淀山湖,水域广阔,烟波浩渺,暂别喧嚣的闹市,面对这无际的水面,不觉神清气爽,心旷神怡;一边是鼋荡湖,面积不大,静谧恬淡,另有一番韵味。夹在一大一小两片水域中,杨舍村不是连体的一块绿洲,而是由大小不一的一组小岛组成,其间河网密布,港汊纵横,典型的江南水乡风光。选择这样一块土地营造一个风景游览区,应该承认,调查踏勘者有很高的业务素养和审美眼光。

土地有了,怎样规划? 建一个什么样的风景旅游区? 洋的还是土的? 古的还是现代的? 智慧的火花不断摩擦碰撞,最后定下的是一个浪漫的遐想:建一个有中国特色的仿古典园林,蓝图是《红楼梦》中的"大观园"。说白了,这是要把文学的"虚构"化成生活的"真实",在江南水乡造一个大观园! 这遐想来自时任上海园林管理局设计室主任、后任局长的吴振千先生。

说是浪漫的遐想,是因为在此之前还不曾有过把文学的描写化成实在的建筑物,何况是把令无数人心醉神迷的大观园搬到人间! 虽然如此,这并非凭空瞎想,它萌生于改革开放的大时代背景之下,从精神到物质都有坚实的基础。

吴振千先生是幸运的，他的遐想得到了市园林管理局党委书记白书章、局长程绪珂的赞成和支持，市领导也予以认可。

然而，真要把纸上的描写化成可见可摸的真实存在，不是件容易的事。《红楼梦》中的大观园虽不是皇家园林，但因为是接待皇帝的妃子回家省亲而建，有皇家气派。十多组古建筑，从总体构思到逐个设计，需要有专门的人才来承担。而且，不能赶进度，不能赶时间，百年大计，建成后能传于后世。上海市园林管理局为此广揽人才，从严管理，要求把浪漫的遐想和科学的民主决策、实干精神结合起来，不负众望，一定要造出大观园！

今天回顾大观园的建造过程，不能不提到一个名叫梁友松的高级建筑师，他毕业于清华大学建筑系，师从著名古建筑专家梁思成，名校毕业加名师指点，赋予他扎实的功底，开阔的眼界。身负大观园项目设计重任，梁友松兢兢业业，多方收集资料，专程赶到北京向红学家请教，对曹雪芹笔下的大观园仔细研究，从尺度、规模、方位诸方面认真推敲，让文字描述的平面大观园一点点化成有形的立体轮廓……后来另一位高级建筑师，同样师从著名古建筑专家的乐卫忠从南京调到上海，和梁友松一起合作，两人珠联璧合，共同主持大观园设计工作。再后来，更多的建筑师、工程师陆续加入，合成一支优秀的设计团队，彼此分工合作，用集体的智慧，一个一个建筑、一处一处景点地精心设计，占地135亩的大观园布局跃然呈现在蓝色的图纸上。

1981年5月，怡红院率先施工，1984年5月27日上海解放35周年纪念当天对外开放。接着，边开放边建设，1988年10月全部竣工，建设周期长达八年，整整一个"抗战"。如果从浪漫的遐想提出、论证算起，共约10年时间！

十年磨一剑，这一"剑"是优质、精品之剑。自建成之日起，大观园先后荣获国家计委颁发的设计银质奖、建筑质量鲁班奖和上海建国40周年十佳优秀建筑荣誉称号。

一点没错,前瞻的决策和浪漫的遐想,孕育了杨舍村的巨变——从一派田园风光变成举世瞩目的游览胜地。

惟妙惟肖,走出"红楼"的大观园

上海大观园建成开放,园方请著名词、曲音乐家陈念祖、孟庆云写了一首女声独唱《圆梦大观园》,词写得洒脱飘逸,曲谱得婉转悠扬,听之让人动心动情。现摘录其中一段歌词,一起把玩品赏:

> 看遍天下景,
> 欲问哪里寻梦,
> 淀山湖畔大观园,幽梦如风;
> 山是梦之乡,
> 水是梦之魂,
> 楼是梦升华,
> 路是梦延伸;
> 啊,
> 天下奇景,人世间的梦,
> 尽在洋洋大观中;
> 观你景,
> 牵我情,
> 圆我深深梦,圆我深深梦。

曹雪芹写《红楼梦》,目的是通过栩栩如生的人物和生动感人的故事,再现当时中国封建社会的真实面貌。生活在大观园中的少男少女,身份虽有高低贵贱之分,但并不缺少理想的追求。无奈现实太过残酷,到头来一个个所向往的人生,似睡醒后的梦一般,破灭了。生存的环境如天上仙境,命运的结局却不是早殇、出家就是独守空房。强烈的反差,让人感叹,让人深思。正因为如此,一百个人读《红楼梦》有一百种感受,这是曹雪芹的伟大。从这个意义说,走进大观园,在洋洋大观园中"观你景"——《红楼梦》中少男少女的命运结局,必然"牵(起)我(的)情",这"情"又因年龄、性别、经历等因素的差异而有所不同。所以,100个人走进大观园会有100种"牵我情",这是大观园的魅力。

多说无益,还是走进大观园吧!

要进大观园,首先必经过太虚幻境和照壁,那是感悟大观园及其人物性格、命运、结局,必须"预热"的第一步。

太虚幻境,一座高约8米、三柱单檐牌楼,基座雕刻着莲花,中国式斗拱飞檐,气势轩昂,高大壮观。牌楼上方正中额书"太虚幻境"四个大字。

* 太虚幻境

"太虚"意指广阔缥缈的天空,"幻境"意指梦幻般的仙境,喻义你所进入的大观园,是一个真假莫辨、虚无缥缈的世界,即所谓"假作真时真亦假,无为有处有还无",寓寄了曹雪创作《红楼梦》的深刻用意。

跨过太虚幻境,迎面是一面高10米、宽18米的大照壁。古典园林,照壁起烘托遮景作用,壁上刻文或刻画,有画龙点睛之效。大照壁正面刻四组花岗岩浮雕:一是"女娲补天",二是"顽石思凡",三是"宝玉出世",四是"归真返本",凡读过《红楼梦》的人都知道,四组浮雕高度概括了全书故事的来历。

照壁背面是汉白玉大型浮雕"金陵十二钗"。贾宝玉神游太虚幻境,见到了十二钗正册,没见到十二钗本人,故有"神游"一说。画面上警幻仙子对贾宝玉欲言又止。彩云、仙女和佛光,虚虚实实,暗含了十二位美丽女子的性格,以及由性格导致的个人命运与遭遇。

"预热"结束,绕过大照壁便是大观园。五开间门庭,宽20米、进深12米,红门红柱,门环是青铜兽头,门上是铜质门钉。门前雄居一对连座高约2.08米的石狮。据说这对石狮子是清朝乾隆年间北京某王府的镇宅之宝,经200余年风霜雨露侵蚀,苍然古朴。八国联军侵占北京时在它身上留下的弹痕,依然清晰可辨。《红楼梦》第六十六回柳湘莲说:"你们东府里,除了那两对石狮子干净,只怕连猫儿狗儿都不干净"。大观园造成之后,园林局专门派人赴北京挑选家具饰物,选中了这对石狮子,派它镇守在大观园门口,为大观园平添了几分旧时气息。

进得大观园,135亩占地面积,8 000平方米古建筑,20余处景点,满眼青砖绿瓦,朱阁雕梁,金碧辉煌;更兼大树林立,绿茵浓郁,鲜花丛丛,恰似走进梦幻般的仙境,拔脚不知往哪里迈步。但不得不去的是怡红院、潇湘馆和蘅芜苑,它们是曹雪芹耗尽心血塑造的贾宝玉、林黛玉和薛宝钗的住处,《红楼梦》中的重要人物。

　　怡红院，贾宝玉的住所。《红楼梦》中所写在园内东路南面。院外粉墙环护，绿柳低垂。入院两边有环廊，院中有几块山石，一边种芭蕉，一边种西府海棠。正面五间抱厦，贾宝玉原题匾额"红香绿玉"，元妃归省时赐改为"怡红快绿"。红，指西府海棠；绿，指芭蕉，均有出典，比贾宝玉的"红香绿玉"更胜一筹。室内陈设华丽，刘姥姥进大观园误认为是"小姐的绣房"，点出了这位富贵公子"脂粉气息"的生活环境。在怡红院，贾宝玉一直住到和薛宝钗成婚时才搬了出去。

　　对照纸上的描写，地上大观园中的怡红院在园中西南角，一组两路三进的建筑。院门额题"怡红快绿"；室内额书"青埂神瑛"。庭院中有海棠，也有芭蕉。沿院中长廊依次而行，"通灵书房"，贾宝玉吟诗作画、弈棋会客的地方；"绛云仙"，贾宝玉生活起居的地方；"听雨楼"，贾宝玉和姐妹丫环赏景散心的地方，一间间屋宇，屋内陈设富丽精巧，举凡红木家具、翡翠玛瑙、诗词立轴、漆瓶挂屏、珍奇古玩，应有尽有，尽显"钟鸣鼎食"之家的富贵气派。屋外池中，鸳鸯戏水，游鱼飘逸，别有一番况味。

　　不由不让人赞叹，纸上的大观园与地上的大观园，几近惟妙惟肖，细部之处似还更胜一筹。如怡红院院子中,"地上"的比"纸上"的多了一棵罗汉松,借罗汉松比作佛门的罗汉,暗示院中主人会出家去当和尚。贾宝玉的命运,最后真是当了和尚。设计者因为吃透了《红楼梦》的意蕴,所以才会滋生一份精心,一份细致。

潇湘馆,林黛玉的住处,纸上的描写在大观园西路,与怡红院遥遥相对。地上的潇湘馆在大观园东南部,与怡红院虽也遥遥相对,却有了不短的距离。或许因为占地过于广大,只能如此。然内中神韵仍一脉相承。

潇湘馆掩映在丛林茂竹中。进入门中,粉墙上有"绛珠草庐",旁种松、竹、梅。"绛"为红色,"珠"喻为泪水,合而暗示血和泪。林黛玉寄篱贾府,情有所向无人做主,不满封建陋习却找不到知音,常使小性子而暗自落泪,患了肺疾常常吐血……贾宝玉题的匾额"有凤来仪"挂在正厅门楣上。馆中一厅两房,布置疏朗,钟灵毓秀。厅中、卧室红木家具不离竹节;书房中,书桌、书架形如竹竿做成。屋前屋后花木以竹为主,紫竹、刚竹、大名竹、青壳竹、蒲剑竹、观音竹、凤尾竹,竹多成林,竹影参差,凸现了主

* 潇湘馆黛玉书房

人超凡脱俗、孤芳高洁的品格，与书中对林黛玉行为性格的刻画，极其吻合。在潇湘馆，林黛玉伴着修竹、读书、幽怨、孤独和眼泪度过了一生。

走出潇湘馆西行不远是"品格端庄"、"容貌秀丽"，又善攻心计的薛宝钗的住处蘅芜苑。"蘅"是杜蘅，"芜"是白芷，都是香草。元春省亲时用此两草赐为苑名，要薛宝钗搬进苑中居住，或许正是想到了她端庄的品格与容貌的秀丽。苑内堆砌玲珑山石，遍植名卉异草，其余厅堂均陈设简朴，毫不张扬，如同书中描写那样，"雪洞一般，一色的玩器全无"。

一路走来，恰如陈念祖歌词中写的那样，"观你景"，"牵我情"——怡红院豪华富贵，"大观园试才题额"蜡像，贾宝玉一脸愁容；潇湘馆清冷雅静，林黛玉卧榻旁，一只药罐，一盆炭火，像似焚烧诗稿；蘅芜苑简朴素净，薛宝钗与贾宝玉成亲的洞房一无喜气。三位话不投机却又情思绵绵的少男少女，直落得一个出家，一个早逝，一个独守空房，让游人情动于心，感慨不已！

大观园不是真实的古典园林，而是根据文学名著的描述建造的一座仿古式园林，它并不代表当今城市园林发展的方向，但作为个案它是成功

* 宝钗住处蘅芜苑

的。自该园建成后，江泽民、朱镕基、李鹏、乔石、李瑞环、胡耀邦、尉健行、吴邦国、荣毅仁、曾庆红等党和国家领导人先后到园中视察浏览，赵朴初、秦瘦鸥、丁聪、邓云乡、程十发、刘旦宅等著名学者、红学家、画家、书法家在园中留了他们的诗词、楹联、匾额与书画大作，供游人观赏。成园开放30余年，接待来自全国与海外游客无以计数。

著名园林专家、原上海市园林管理局局长程绪珂在她《创建海派公园，迎接21世纪》一文中写到："上海大观园在成片、成丛的植物造景中，以《红楼梦》为题材建造仿古园林建筑游览区，它与旅游业相结合，取得了良好的社会效益、环境效益和经济效益。"这样的评价是客观公允的。

（注：本节照片由大观园提供）

第二节　绿色博物馆：上海植物园

龙华苗圃改建，1978年初粗具规模，同年4月1日局部开放，1980年元旦定名上海植物园。1984年第一期工程结束，接着实施第二期工程，1987年竣工。四大展区加一个人文游览区，配以建筑小品，形成多彩多姿的园林风貌，有植物博物馆之称。

植物园，城市园林中一颗璀璨的明珠。它号称绿色植物珍宝博物馆，是植物资源保护、研究、开发、利用的基地，也是各种木本、草本、花卉和活植物的标本馆。

第二次世界大战以后，人类活动范围快速扩张，对资源的开发、利用日益增长，以致自然生态、动植物物种不断遭到破坏，种类急剧减少，尚存的不少都处于濒危灭绝状态。

1985年，世界植物园专家、植物学家分别在英国和西班牙聚会，讨论"植物如何进入二十世纪"，会议发表了著名的《大加那利岛宣言》，号召全世界的植物园联合起来，对植物面临的危急状态采取世界性保护措施。

　　这一年，上海植物园刚建成开园。在此以前，北京、广东、昆明、海南等省市的植物园早已建成，担负起植物种类收集、研究和科普教育的重任，同时也使所在城市的居民多了一处游览景点。

　　上海植物园的历史其实并不短。民国十一年（1922），位于蓬莱路的尚文小学建立了一所公共学校园，种了不少植物，性质上可以看做是上海第一座小型植物园。民国二十二年（1933），上海市政府在龙华路建了第一市立植物园，园内既有各种植物的园地，也有陈列植物标本的展览室和研究室。

　　10年中两建植物园，惜乎均未能成就气候。

　　1954年，上海市园林管理处建立龙华苗圃，收集珍贵盆景，一时颇为闻名。稍后在佘山筹建植物园，植树30万株，成林面积2150余亩。但没几年功夫，三年自然灾害降临，国民经济面临严重困境，市政府资金紧缺，粗具雏形的植物园被迫撤销，土地、林木划归松江县建了林场。

　　一波三折，上海园林人忘不了植物园。

　　1974年初，文化大革命接近尾声。乱久思静，乘着有利时机，上海市园林管理处革命委员会向上级请示报告，要求将龙华苗圃改建成上海植物园。报告在确定植物园性质、定位时强调了"两个结合"——研究与生产相结合，普及与游览相结合；"两个服务"——为上海城市绿化服务，为工农业生产服务。那个年头，"结合"与"服务"属于极时髦名词，多讲多用，能体现"对无产阶级革命路线"的"忠心"与"服从"。果然，有了这"两个结合"、"两个服务"，请示很快获得批准，上级同意将龙华苗圃改建成上海植物园。

实际改建工作，主要从粉碎"四人帮"后开始，1978年初公园粗具规模，4月1日局部开放，1980年元旦改名上海植物园。1984年第一期工程结束，接着实施第二期工程，1987年全部竣工。此时，上海植物园多了一项功能——上海旅游业的一个新景点。

植物世界，多姿多彩的园艺风貌

走进植物园，等于走进了植物的世界。积25年收集、繁育、驯化、抢救（濒危植物）之功，3500种共6000多个品种的木本、草本和花卉在园中繁衍生息，形成生机勃勃的拟自然植物群落，整个儿是一座活的植物博物馆。园中一游，人们感受到的是大自然的富有、神奇与无穷魅力。

一般植物园多以专类植物划分展览区域，上海植物园不循旧规，改从植物性能、功用上将全园分成植物进化区、环境保护区、人工生态区、绿化示范区四个展出区，外加一个黄母祠游览区。

黄母祠游览区属人文景观。

黄母即黄道婆，元代民间棉纺技术女革新家，生于松江乌泥泾，由她发明创造的纺织技术，促进了松江织布业的发展。"松江棉布，衣被天下"，是对这位平民纺织家所作贡献的最高赞誉。元大德十一年（1307），黄道婆逝世，靠纺纱织布维持生计的人怀念她，立黄母祠祭祀。600余年来，世事维艰，兵灾、倭患不停，黄母祠屡建屡毁，屡毁屡建。1987年，黄母祠被列为上海市文物保护单位，并辟地设景，作永久纪念。因原黄母祠所在地被植物园纳入园中，算是园中的一个景观。逢阴历初一、十五，敬仰者会到园中烧香祭拜。

不过，到植物园，主要还是品赏、领略植物世界的无穷奥秘。四个展区，各有诱人之处。植物进化区，展出的植物由野生植物进化而来，面积

* 人文景观黄母祠

占全园一半以上。人工生态区，展出栽培在花盆中的草药和"三花"（兰花、茶花、杜鹃）植物。环境保护植物区，展出能吸收有害气体，或对有害气体有指示作用的植物。最后是绿化示范区，展出用于立体、隔篱、屋顶、空旷平地绿化的植物。后两个展区，重在宣传发展绿化、保护环境、美化生活，与每一位游人都有着密不可分的关系，很受游人欢迎。

四个展区，大至百余亩，小至几十亩，有别于充满诗情画意的古典园林和自然风景园，形成独特的园艺风格。各展区之下分若干个小展区，每个小展区以专类植物为主景，让奇花异木伴随高低起伏的地形，蜿蜒曲折的河流，迂曲多弯的小径和姿态迥异的假山、亭廊、花架，构成一个个审美小单元，同样达到移步换景、一路新鲜、游兴不减的目的。若时间富裕，改走马看花为细嚼慢品，更有一番不同于看亭台楼阁、小桥流水的感受。

植物的世界，自有植物的魅力。

植物进化区三面环河，曲水汇聚中央，成水生植物池，环池有以观赏植物命名的松柏园、木兰园、牡丹园、杜鹃园、蔷薇园、槭树园、桂花园、竹园，各有不同的风姿形态。松柏园四季青葱，雪松、白皮松、罗汉松、中山

柏、水杉、池杉、日本柳杉等千余株，挺立于山坡，蔚为壮观。牡丹园，"姚黄"、"魏紫"，名品荟萃，150多个品种外加芍药，逢春和日丽，满园姹紫嫣红，花海翻腾，撩人心魄，为沪上观赏牡丹的不二选择。杜鹃园，以杜鹃为主，另植有垂丝海棠、樱花、梅花、桃花等97种蔷薇科、豆科植物，仅月季就有150个品种近万株。一年之中除三九严寒，一花败后一花发，香气不断，像是永远的春天。

　　不到植物园，看不到"三花"区中的名贵茶花、杜鹃、兰花和展览温室中的沙生植物，它们在人工生态区，大多是盆栽的。

　　先看兰室，砖木结构的江南民居样式，1965年建造，2000年改建，老一辈无产阶级革命家、一生爱兰的朱德委员长题写的"兰室"匾额挂在门楣上。300余个兰蕙品种共2万余株盆栽兰花，多为稀罕珍品，尤以朱德委

员长赠送的"朱氏新梅"、"虎头兰"，张学良将军和日本友人赠送的最为珍贵。

　　扩建后的兰室辟成喷栽室、自然式和庭院式三个展区，以营造兰花原始的生态环境。兰花叶态秀长舒展，姿形优雅高洁，花香清幽醉人，在兰室中一行，神清气爽，乐而无忧。

　　展览温室是一座崭新的现代化建筑，也是植物园的标志性建筑，融科学性、知识性、观赏性于一体，是国内一流的植物科学、植物文化展示中心。《上海名园志》介绍植物园，论及展览温室时写到：

　　15米的大王棕排列在门口迎客，形似巨型打保龄球用的球瓶，有人戏称为"导弹"树。大王棕林左后方是一块槟榔林，海南的黎族人民将其作为象征爱情的吉祥果……释迦牟尼坐禅成佛的菩提树，重20吨、高14米的巨型"环纹榕"，龙眼树、荔枝树、菠萝蜜等果树令人眼界大开，曼陀罗花、卡特兰、鹤望兰、猪笼草、含羞草等更使人领略植物王国的魅力。（展览温室）采用全玻璃天棚和幕墙结构……室内环境采用自动环境控制系统，可以"呼风唤雨"，从土壤、水分、光照、养护等方面为植物提供适宜成长的环境。温室的内部景观布置围绕四季花园区和热带雨林两个主题，培育、展示世界各地的植物种类3 500个品种，再加上750平方米的沙生植物馆展出的以南美洲为主的千余种沙生植物……

这是一个带有世界性的植物展览馆，置身其中，眼界大开，增长见识，说一声"不虚此行"，是应该有的最起码评价。

上面的介绍，仅是点到为止，不可能尽传其美。春天来了，百忙之中请抽空去一趟植物园，那里春天的气息是无处可以替代的！

科普园地，传播丰富的植物文化

现代都市，人们对美的追求是多方面的。办公场合，养草种树，早已司空见惯；家居生活，插红摆绿，也已屡见不鲜。但相当一部分人不知花树习性，不知如何养护管理。一盆花，一株树，养着养着，不是不开花就是叶落枝枯，望之索然无味。为什么？原因简单的不能再简单了，缺乏关于植物的基本常识。

所以，要想美化环境、美化生活，养花种树播绿，首先要学点关于树木花卉的基础知识。而植物园除了满足科研、生产、游憩和抢救、保护珍稀濒危植物需要之外，另一项任务就是向人们宣传普及植物知识。

国外植物园在这方面的做法，让人很受启发。有关此点，邬志星、杨晓未和杨卫红合作撰写的题为《城市植物园多种科学普及教育工作方法的研究》论文中作了扼要的介绍。

国际上，不少先进国家和发展中国家都以丰富的植物种类、巧妙的布置，进行生动形象的教育，把人们吸引到植物园来。英国邱园、美国密苏里植物园和加拿大蒙特利尔植物园都建立了"园艺资讯室",或开设园艺栽培实验场所。如加拿大蒙特利尔植物园有一处专供小学生进行园艺活动的开阔场地,并设立"咨询室"进行指导和提供种子。土地分为200小块,接纳儿童参加活动。老师和技术工人给儿童上课,先在温室内播种育苗,每个儿童在一块土地上种植各种蔬菜,秋季收获归儿童所有,允许带回家去。成绩最好的给予奖励。此外,还运用录像、声像、人工模拟植物原始状态等现代趣味布置,传播科学知识。科学活动一般均由在学术上颇有造诣的研究人员担任。所以,在这些国家里家庭养花种草,保护植物蔚然成风。意大利已有1 550万人喜欢园艺活动,其中不少人是由植物园科普活动蓬勃开展而推动的。

这篇论文写得比较早,文中涉及的事实现在可能会有变化,但基本观点只会进一深化而不会有丝毫削弱。

认识到植物园的固有性质和任务,上海植物园从1980年起就设立专门科普机构,重点对象放在青少年学生身上,配合学校教学,开辟"第二课堂",建立"植物兴趣小组",学习园艺栽培等,在生动活泼的形式中普及植物和园艺知识,培养青少年热爱植物、认识植物的兴趣。

近20年来,经济与社会快速发展,自然生态与生存环境严重失衡,尤其是在城市,重视生态与环境方面存在的问题,已到了刻不容缓的地步。在此情况下,科普活动不再是简单地满足介绍、宣传植物知识,而是应上升到生态平衡与环境保护的层面,高扬植物文化。

与时俱进,从形式到内容,从园内到园外,从以青少年为主扩展到普通市民,上海植物园的科普活动不断调整、充实、创新与提高,尤其是近三年来,种种做法,力度一年比一年加强,让人耳目一新,取得了明显成效。

植物园的优势是植物品种多,同是花展,一般公园相对比较单一,牡丹花展、桂花展、菊花展,适时而办,一年办一两次。植物园不一样,那么

多花的种类，一年四季花展不断。春有春花展，秋有秋花展，冬有寒花展。同一种花，不同季节有不同的展览。比如兰花，春天有"春兰"展，冬季有"寒兰"展。结合园内花展，扩展到家庭养花精品展，让普通居民走进花展，把家里的盆花拿到园内参加展出，彼此交流，切磋养花技艺，受到了花知识的熏陶，增强了爱绿、养绿与护绿的自觉性。

由花展扩大到植物展，食虫植物展、能源植物展、动感植物展、造纸植物展，以及寻找猪年、虎年植物等活动。一般人不会想到，一个"虎年"，以"虎"为名的植物就有虎杖、虎耳草、虎婆刺、虎皮楠、虎尾兰、老虎须、虎刺梅等。各种植物展，不止是让游人认识一类植物，重要的是要了解、掌握与这类植物相关的综合知识。造纸植物展，展示80余种用于造纸的植物,又特地从西双版纳引种两株贝叶棕,再现历史上的书写源头"贝叶文化"。整个展览向游人传递更多的是植物之外的信息:人类对森林的破坏在速度与数量上是惊人的。20世纪90年代的10年中,全世界森林资源减少了900万公顷,占全部森林资源的2.4%。森林对于人类存在的意义是不言而喻的,保护森林是每个公民义不容辞的责任。该展览最终达到了"节约纸张,保护森林"的宣传目的。

还有在园中进行观鸟比赛,传播鸟和植物生存的关系;从云南引进100余种近2万余只蝴蝶,放入园中,传播昆虫与植物的关系;夜游植物园,观察晚上开花的植物、萤火虫、青蛙……

上述每一次展览或活动,组织与宣传的手段多种多样,小导游讲解、押花小制作、视频播放、环境渲染、资料散发、知识问答、社区宣讲,以及在电视、报纸、网站上发文章,以通俗易懂的形式和语言,宣传植物起源、繁衍、变异及其与昆虫、鸟类和人的关系等方面的知识。

所有这些活动,靠一园之力难以完成。根据每次活动的需要,园方联合上海科学技术学会、科普教育基地联合会、青少年科技教育中心、野鸟学会、中小学校和媒体等单位一起行动,形成强大的声势,吸引更多的人参加。由此取得的效果,则是在普及植物科学基础知识的同时,增强了生态、环境意识,懂得了在植物与生态、环境的辨证关系上,人类应该做些什么。这已不是一般意义上的科普活动,它张扬的是植物文化。

一座植物园,是一所植物的学校。

园中之园,独树一帜的海派盆景

盆景,中国园林艺术的一绝。

充分展开想象的翅膀,不难描绘这样一幕情景:旷野之中,山川奇秀,林木苍然,有无限美的享受。为了能在闹市斗室中也能领略大自然的山林风貌,慢慢有了缩大为小的栽培法。一株老树,或根或干,经修、剪、锯、截,聚缩在咫尺的泥盆之中,再捆扎造型,精心培育,在岁月的磨砺中,成老干虬枝,古拙清秀,仿佛如立于荒山野岭中一般。

这就是盆景。

作为园林艺术的一种表现形式,盆景既是人们对真实存在的美的反映,也是人们对美好事物更高的向往与追求。

上海植物园中部偏东,是一座园中园,名曰盆景园,50亩的占地面积,比一般的公园还大,近千盆树桩、山石、微型盆景,分布在以青瓦、粉墙构筑的大小展室(区)中,园中有竹亭、竹廊、树皮廊绕行穿插,以柴门、藤架相连相通,能从一个展室(区)进入另一个展室(区)。在典型的江南庭院式建筑中,展出有着中国传统文化内涵的盆景,可谓琴瑟相配,珠联璧合了。

细究起来,盆景园的历史比植物园要长。1954年,当龙华苗圃成立时

* 盆景园正门

就辟出盆景园区，专供展览、生产盆景。

展出的盆景历史更长。

抗战时，苏州盆景名家周瘦鹃逃难来到上海，开设花店，经营各式盆景。在虹口，有日商的春阳花园、东花园、兴花园经营日本盆景。另有一些中国人开设的花园也经营日本盆景。抗战胜利后，这些盆景多为国民党农林部接管。上海解放，龙华苗圃成立，这批盆景全部并入盆景园，成为上海盆景发展的基础。建国50余年，经过几代盆景专家精心培育积累，现已成为国家最大的盆景园，以独树一帜的海派盆景，享誉海内外。

中国盆景历史悠久，源远流长。最早可追溯到上古时期。据考古资料显示，在河姆渡文化遗址已发现有盆景艺术的雏形。但真正作为独立的艺术品，盆景起始于汉晋南北朝，成于唐，盛于明清，为文人雅士所喜爱，成为中国传统文化宝库中一块璀璨夺目的艺术瑰宝。

盆景在漫长的发展演变过程中，由于土壤、气候、树木等生态环境存在差异，同时受地域文化影响，形成了不同的风格流派，分为南北两大不同派系。南派是以广州为中心的岭南派，挺拔自然，飘逸豪放；北派以苏州、扬州为代表。苏州盆景老干蟠枝，清秀古雅；扬州盆景层次分明，平稳严整。

相对于南、北两派，上海盆景历史并不短，只是真正形成"海派"风格要晚得多。

明隆庆、万历年间（1527—1620），嘉定朱小松、朱三松父子以竹刻、盆景见长，名噪一时。

嘉定多产竹，朱家祖上是我国古代竹刻艺术著名流派——嘉定派竹刻的创始人。朱小松精雕刻，长书法，融古画于盆景之中，所叠假山行曲盘折，技艺高超。朱三松继承父业，工诗善画，创作的"灞桥风雪图"，饱受赞誉。他的竹刻精美高雅，一件作品需经年累月才能制成，流传甚广，连皇宫内院也收有他刻制的笔筒。当年河南通判闵士籍在家乡嘉定南翔扩建宅园,请朱三松规划、设计布局,园成借《诗经》"绿竹猗猗"诗句之意,取名猗园,体现了他的专长与成就。

朱三松的另一项专长是继承了父亲盆景制作的技艺,成就不凡。同是嘉定人的陆廷灿在《南村随笔》中介绍说:

> 邑人朱三松,择花树修剪,高不盈尺,而奇秀苍古,具虬龙百尺之势,培养数十年方成,或有逾百年者,栽以佳盆,伴以白石,列之几案间,或有北苑、或河阳、或大痴、或云林,俨然置身长林深壑中,三松之法不独枝干粗细上下相称,更搜剔其根,使屈曲必露,如山中千年老树,此非会心人未能递领其妙也。

这段文字告诉人们,朱三松制作的盆景,以名家作参照,从小树剪扎加工,虽高不盈尺,但枝干苍老,形态奇特,非一般人难以企及。可惜,由于近代上海社会动荡不定,内斗外侵,优秀盆景之作多毁于炮火,无一件幸免而得以流传。

朱三松之后的很长一段时间中,上海盆景虽不断有人制,终难成气候,无法自成一派,与广州、苏州、扬州盆景相媲美。

新中国成立后,结合已有实践,园林管理部门几次组织有关人士对上海盆景的风格、发展方向进行研讨。龙华苗圃主任周柏贞力陈自己的看法:"必须师法自然,反对矫揉造作,呆板失真,并要去芜存菁,在学习各地传统盆景风格的基础上大胆创新。"这一观点,尽管没有明确提出上海盆景的风格特色,但从中已可感受到"海派"的元素在抽枝萌芽。遗憾的是周柏贞先生在"文革"中遭受迫害不幸逝世,未能将他的研究进行到底。

又20年后,实践与理论积累都大大丰富,悬而未决的"上海盆景的风

＊ 树桩盆景"老当益壮"获第八届亚太地区盆景赏石展佳作奖

格特点"终于有了定论。1979年，在北京举办的全国盆景艺术展览会上，上海盆景鲜明的地方风格，为与会的全国各地盆景工作者所认同，并写进了《中国盆景艺术》一书。1981年，该书经国家建设部门评议获得通过，"海派"盆景的风格特点终成定局。

既然如此，"海派"盆景的风格特点究竟表现在哪里呢？

胡运骅先生在和他同事撰写的《上海树桩盆景风格》一文中概括为四点：师法自然，苍古入画；扎剪并施，刚柔相济；树种丰富，琳琅满目；掌上盆景，玲珑精巧。高度提炼的每一点，都有具体的内容。比如"师法自然，苍古入画"，扬州、苏州盆景多有一定的制作程式，扬州盆景，干成螺旋状弯曲，枝叶扎成极薄的"云片"，小枝一寸三弯；苏州盆景，干多枯朽古朴，叶多成中间隆起的"圆片"……而"海派"则不拘格律，不受任何形式所限，创作过程根据树坯外形，因势利导，求形神兼备，合自然之理。这么一比较，认识就更加清晰了。

这篇文章虽然写得比较早，然门外人今天读来仍觉得颇有收获。前述关于盆景方面的文字，曾多有引用。胡运华先生后来当了上海市园林管理局局长，是一位懂行的领导。

说了半天，还是欣赏几盆"海派"盆景吧。

树桩盆景多以常绿松柏类为主,树材多达140余种。一盆盆,千姿百态,枝干有曲有伸,曲者圆润,伸者挺拔,有刚有柔,刚柔相济,明知"虽由人作",看上去却"宛如天成"。

——《苍龙观海》,主干横出盆面后垂斜,与根颈部位置直角折曲,半侧根盘显露,干体表皮斑驳,有苍古之容。

——《拂云擎日》,盆中主干直中寓曲,雄状伟岸,右侧伸出的主枝,如同巨臂,撩开片片浮云,托起初升的太阳,巍然屹立,活现了悬崖古松拂云擎日的神态。该盆景获'99中国昆明世界园艺博览会大奖。

——《百步云梯》,一盆特大型古树盆景,树龄200余年,树干自动扭转,部分木质显露,残存的枯枝已呈白骨化,经久不落,显示出历经沧桑,顽强不屈的精神。其树干斜出生长,似横空出世,那井然有序的枝片虽仅5片,却很有章法。其顶较大,亭亭如盖。针叶锦簇,青翠欲滴。似通向天宇的云梯,是难得一见的盆中精品。

不再——列举了,接着作走马观花式浏览。

微型盆景,"海派"盆景的一大特色,又称"掌上盆景"。远望如掌上之物,近观有旷林之姿,小中见大,巧夺天工,尽显自然山水之美。

水石盆景,以虎劈石、英石、锰矿石、钟乳古、千层石、砂积石为石材,制成山形山峰,山下有水,山上植树种草,点缀人物小件,容天地于方寸之间,把山石奇景尽收于咫尺之内。艺术大师殷子敏先生的《象的故乡》、《十八罗汉朝南图》、《狮吼》等作品,其精湛的艺术,深厚的文化底蕴,让人赞叹不已。

（注：本节照片由上海植物园提供）

第三节　城市绿洲：世纪公园

上海中心区域最大的生态公园,英国LUC公司设计,原名浦东中央公园。1997年7月第一区乡土田园区建成开放,2000年4月全园竣工,更名世纪公园。六大游览区50余个景点,织成一幅瑰丽多姿的诱人美景。大面积的草坪、森林、湖泊汇于一体,体现了东西方文化、人与自然的和谐融合,洋溢着浓郁的时代气息与"海派"风格。这块城市的绿洲,被人喻为是镶嵌在浦东热土上的一块翡翠。

"疏影横斜水清浅,暗香浮动月黄昏。"南宋诗人陆游关于梅花盛开无限意境的描绘,在2010年春节期间,许多上海人在浦东世纪公园内获得了亲身的体验与感受。一个主题为"迎接世博会,弘扬梅花文化"的梅花、蜡梅展,落户在这个被誉为"城市绿洲"的自然生态公园。

21世纪第一个十年的最后一个春节,因为战胜了国际金融危机带来的冲击,世博会准备工作接近尾声,期待已久的盛典即将拉开序幕,上海人过得格外舒心与快意。忽然间,又逢喜上"梅"梢,更为新春佳节增添了一份祥和与温馨的气氛,躲过大年初一拜年的高潮,初二、初三到公园参观双梅展的游人如梭,两天近5万人次,盛况空前,为曾经有过的各类花

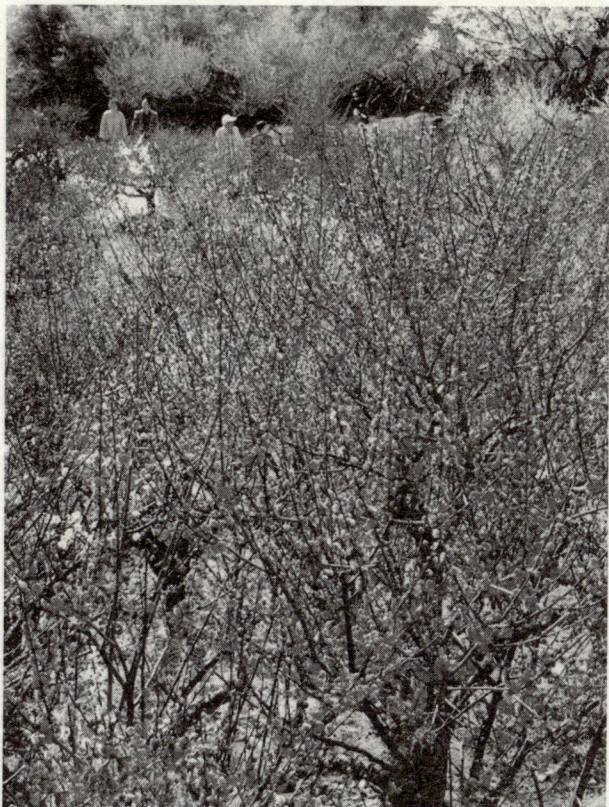

展所少见。

梅花、蜡梅是我国特有的花卉,自古以来就形成了以"观色、闻香、赏形、知韵、晓时"为主要内容的梅花文化。以"知韵"为例,诗人、画家咏梅、画梅,离不开横、斜、疏、瘦四字,所谓"贵稀不贵密,贵老不贵嫩,贵瘦不贵肥,贵含不贵开",揭示了梅花的神韵,饱含审美哲理。"俏也不争春,只把春来报。待到山花烂漫时,它在丛中笑。"毛泽东同志的《卜算子·咏梅》,别具一格,阅常人所未阅,道出了梅花不畏风霜严寒,不争功邀宠的坚定性格和崇高精神。正因为如此,梅花是国人最喜爱的花卉之一。

据毕生研究梅花的泰斗、中国工程院院士、94岁高龄的陈俊愉教授回忆，中国近代历史上的首次梅花展1947年2月在上海举办。新时期以来，从1989年起每两年举办一届全国梅花展，时隔63年，第十二届全国梅花展重新回到上海。2月19日，双梅展隆重揭幕，陈俊愉教授和全国政协常委、曾任浦东新区管委会主任的赵启正一起，漫步在花姿娴雅、花香四溢的梅林梅馆，对花展的有效组织和高效运作表示满意，希望上海在蜡梅研究上早出成果，让蜡梅不仅开蜡黄色的花，而且要开出红色、粉色的花。

大气度、大手笔的这届梅花展，来自武汉、昆明、成都等16个国内重要育梅城市，送来了精心培植养护的梅树和盆景，分梅林、梅馆两个板块展出。梅林是地栽梅花，梅馆是梅花盆景，一个室内，一个室外，一个看气势，一个看奇姿，两下互补，相得益彰，有着无穷的优雅趣味与迷人的魅力。

去地栽梅林，看到的是壮观。

一座200米探梅木栈将游人送往梅林，5万平方米面积，4 000余株大梅树，漾成一片红色与粉色花的海洋，点缀其中的上千株盛开的蜡梅，花色金黄，红、黄、粉三色相间，放眼望去，大有花不醉人人自醉之感。穿行于梅林之中，不时会碰到由梅树组成的梅花小景。一个小景一个主题。重庆的"山城神韵"表达了三峡景观和红岩精神，无锡的"水乡探梅"展现着水乡人家的赏梅情趣，合肥布置的小景张扬的是徽派建筑。

走进梅馆，看到的是神奇。

馆内的布置极富艺术化。梅花桩景、写意盆景、展台布置、插花四大展区，姿态纷呈，各尽其美。近200盆梅桩盆景，争奇斗胜，似鬼斧神工般造就，让人啧啧赞叹。孤傲的"文人树"、奇特的"抱石树"、弹吉他的"像形树"，各展其姿；一盆树龄超过500年的大梅桩，集"古、老、曲、瘦、奇"五韵于一身；采自山上的野蜡梅，苍老的枝条开着独特的密蜡黄，兼有老当益壮的古朴风韵和高贵典雅的皇家气质……一路踱步，一路品赏，时有暗香浮于鼻下,沁人心脾,备觉神清气爽,飘然若仙。

梅花展,展出的是文化,展出的是艺术。而选择在一个融合着中西方文化和有着勃勃生机的公园里举办梅花展,更是适得其所。

开幕式那天,赵启正在他三分钟的致辞中说了这样一段话:这次在世纪公园举办全国梅花展,是一个非常好的活动。梅花有深厚的中国文化底蕴,自古以来,梅花精神就激励着中国人自强不息,发奋努力。这种把中国文化元素与(世纪)公园生态环境相结合举办的活动,是非常有意义的。

这是赞扬梅花,也是赞扬世纪公园。

超前眼光下的大气魄科学决策

2010年,世纪公园建园10周年纪念。这是以公园建设全部竣工为标志计算的。如果往前推,以1996年9月第一期工程破土动工为标志,建园时间不是10年而是14年。常识告诉人们,总投资为10亿元人民币的一座公园,从规划、论证到立项,需要有个过程,它绝非是某个领导随心所欲能够拍板的。这么一想,时间节点就和浦东的开发开放连在一起了。事实的确如此。在浦东开发开放的大背景下,世纪公园成为超前眼光下大气魄科学决策结下的一颗硕果。

已过去的那段历史,距今天的时间虽然并不算长,但还是有必要作一番简单的回顾。

20世纪90年代的第一个春天,改革开放的总设计师邓小平与中央负责同志谈话,认为中国的改革开放还要加大力度,经济发展要保持一定的速度。他明确指出:比如抓上海,就算一大措施,上海是我们的王牌,把上海搞起来是一条捷径。而此时,小平同志已连续三年与上海人民一起共度新春佳节。针对那场"政治风波"发生后,西方反华浪潮肆虐,国内经济发展又遭遇"疲软"的不利态势,他深思熟虑,运筹帷幄,发出了决胜千里的坚定声音。

1990年4月,中国政府向世界宣布:开发开放浦东,赋予上海"一个龙头,三个中心"的国家战略地位,带动长江流域实现经济社会跨越式发展。

仅仅几天后,上海市委书记兼市长朱镕基向世界庄严承诺:开发浦东将要从国内外吸引数百亿元资金。当时,这位个性鲜明的上海市第一领导所展示的建设规模与气派,让在场的中外记者为之震惊。

于是,以浦东开发开放为契机,上海掀开了自开埠以来的最为壮观的历史画卷。

接下来便是对浦东开发的规划,与本书主旨无关的内容不去说它了,人们后来知道,从规划陆家嘴金融中心和世纪大道起步开始,一头一尾都有标志性"绿色"景观:"头"是陆家嘴中心绿地,"尾"是要建一座公园。至于"尾"上的公园具体建成什么样的,当时没有明确。规划的土地在世纪大道终端,属于川沙县洋泾镇和花木镇的地域,性质是农田、村宅和乡村企业用地。

20年后,当纸上的规划全部变成现实,回过头来再看当年的规划,是何等的具有超前意识!

规划定了,围绕建一座什么样的公园,认识不断加深,而且很快有了参照对象——美国纽约中央公园。那是浦东新区领导在考察美国纽约时得到的启发,如果浦东能建这样一座公园,对优化浦东生态环境、社会环境,改善浦东投资环境,体现浦东发展方向,具有重要意义。意见很快获得统一,规划中的公园定名为浦东中央公园。

纽约中央公园坐落在曼哈顿区,843英亩的面积使它成为大型的都市公园。由于经常出现在电影和电视画面中,因而为世界各国所知晓。

大约在1821年至1855年间,纽约市人口比原来增长了4倍,随着城市的扩展,纽约人需要有一个开放的空间,以避开嘈杂纷乱的都市生活。

　　媒体人为此在报纸上呼吁应该建一座公园。1856年,曼哈顿建成了中央公园。其用地原本是一块荒野之地。中央公园是纽约最大的城市公园,也是纽约第一座完全以园林学设计准则建造的公园。看上去像是天然的公园,大小景观实际上是经过精心规划后营造的。园中有茂密的树林,开阔的人工湖泊和广大的草地,有野生动物保护区,有网球场、溜冰场、运动场和儿童游乐场,有露天剧场和美术馆,有长达10公里的环园跑道,有从世界各地引种而来的花卉,还有座名为草莓园的纪念性和平公园。一年四季,美景不断。春天嫣红嫩绿,夏天阳光璀璨,秋天枫红似火,冬天银白萧索。中央公园建成开放,不仅纽约市民有了一个享受宁静的休闲空间,而且成为游客到纽约后必去的一处游览胜地。

　　从美国考察回来后,新区领导做出了决定:以纽约中央公园为参照,在上海建一座浦东中央公园。这是一个大气魄的决定。

　　随后是征地动迁,落实公园建设用地。这没有遇到多少麻烦。浦东开发开放,大部分镇、乡将走向城市化,农村人将变成城市人,镇乡政府、企业与个人,都积极支持、配合征地工作。前后两期征地拆迁,没用多少时间就完成了包括周边道路、绿地在内的公园建设用地165公顷。

　　一切都是快速度的。上世纪90年代中期,浦东新区建设由基础开发转向功能开发,中央公园建设也已万事俱备,只等设计定位。

　　为了把未来的公园建成具有生态特色、世界一流的公园,有关方面决定,公园的设计面向国际招标。此消息一经发布,美国、英国、法国、日本等国的著名设计公司踊跃参与投标。经由国内园林、市政、建筑等行业专家组成的评审组评审,英国LUO公司的概念设计中标。在此基础上,国内建筑设计院和园林设计院完成了总体扩初设计和主要施工设计。

1996年9月中央公园破土动工,1997年7月乡土田园区建成。接着,边开放边建设,于2000年4月18日完成全部在建项目,前后历时3年又7个月,占地面积140公顷。此时正值新世纪来临,在上海市委领导的提议下,公园改名为世纪公园。

2000年5月5日,中共中央总书江泽民到公园视察,欣然题写园名:世纪公园。公园将题名做成石刻纪念碑,置于园内中心视轴线终端的南山大草坪前,供游人拍照观赏。

中西文化融合催生的城市绿洲

世纪公园太大了,坐公园观光车,车行保持一般速度,作走马观花式浏览,开一圈要一个小时。即便如此,小路开不进,有些景观只好放弃。

若弃车改作步行参观,欲看完全部景点,怕是一天时间也不够。所以,一般人游世纪公园,大多目标明确,直奔主题:或看花展,或游湖划船,或踏青赏绿,或参加园中活动……并不求一次玩遍。有些在园内工作多年的人,公园的角落也没能全部跑遍。

唉,真是大有大的好处,大也有大的不便。

有人说,今天的时代是读图的时代。为了感受世纪公园的壮观气派,不妨先读读公园的游览图,借助文字说明,求得一个理性的认识,然后踏勘几处景点,获得感性的认识,理性与加感性,直达事物的本质,这样的感受最为真实。

公园平面游览图,前尖后平,形似一艘航空母舰。公园职工向人介绍自己的公园,说:"我们的公园像一艘航空母舰。"话的意思虽然指形状像航空母舰,但口气中还是有几分自豪。细细一想,这比喻倒也贴切,论规模,世纪公园确是上海公园中的航空母舰。

游览图上,绿色代表草坪,蓝色代表湖泊河流,粉色代表园中道路,黄

* 大疏林

色代表景点，白色代表建筑，五色纷呈，像是一幅水彩画。五色之中绿色与蓝色占据了3/4以上的面积，这是直观。如借助数字统计，就更说明问题了。园中草坪71万平方米，树林15万平方米，水体27万平方米，道路7.3万平方米，广场8.5万平方米，余下是建筑物面积，可以忽略不计。草地、树林和水体三者相加，总面积高达100多万平方米，真是占据了3/4以上的面积。借用园林专门术语，大草坪、大疏林和大湖面，典型的英式或者说是欧式园林风格，追求旷野与自然的意境，这样的设计，出自英国LUC公司之手，自在情理之中。

数字的统计并没有到此结束。在树林、草坪总计86万平方米面积上，不算草本花卉、竹林，共植有乔木8万余株，灌木74万余株。对许多人来说，数字未免显得过于抽象，不如实在的比较看得真切。那就作一番比较吧。市中心的黄浦、人民、复兴、中山、静安，五座公园占地面积加起来，也没有一座世纪公园草坪、树林和水体面积大；同样，五座公园的乔、灌木数量加起来，也没有一座世纪公园多。由此可以想象，园中满眼葱郁，乔灌相拥，草坪如毯，鲜花盛开，湖水荡漾，溪水潺潺，竹影婆娑，该是怎样一番景象？为此有文字描述：世纪公园是闹市中的一片绿洲，是繁华中的一片宁静；有形象的比喻：世纪公园是镶嵌在浦东热土上的一块翡翠。

* 大草坪

* 大湖面

    继续读那张游览图,大小湖泊居于中央,一条天然的河流沿湖的一边,从西向东,贯穿全园,然后汇入长江,直奔东海。河水、湖水有水闸调控,相连相通。常言道,园林之水,贵在有源,无源之水,必成死潭。因此,同样可以想象,有活水的不断交换注入,大、小湖泊该是怎样一派勃勃生机?

    沿湖四周,湖滨区、疏林草坪区、体育休闲区、乡土田园区依次排开,惟鸟类保护区落座湖中的一个小岛上,高尔夫球场区位于最东部的尖顶处。六大景区53个景点,让人游不胜游。

    细细咀嚼品赏图上的景区景点,有点惊讶:一园之中竟包容了那么多不同的文化形态? 疏林草坪区,大疏林,大草坪,代表的是英国式园林文化;乡土田园区,沙滩湖水,油菜向日葵,展现的是本土文化;蒙特利尔园,一幢加拿大式双层建筑,园中有"白求恩纪念展",园外斜坡上是一组名为蒙特利尔大舞台的立体花坛,张扬的是北美洲文化。还有奥尔梅加头像，兴起于墨西哥奥尔梅加文明，不用解释，那属于中美洲的土著文化遗存。风格如此不同的文化形态，和谐共处，相融相汇，生发出时代的气息。这也是"海派"——新时代的"海派"。

读图结束了，走进公园去看一些景观景点吧。

从世纪大道终端的1号门进入，首先映入眼睑的是标志性景点，艺术性与实用性相结合的世纪花钟。正圆花坛形状，面向世纪大道，背靠镜天湖，直径12米的钟面，绿色的瓜子黄杨作时间刻度，红色的四季花卉作装饰点缀，指针由卫星仪器控制定时，24小时误差率仅0.03秒。绚丽多彩，硕大无比，精确准时，全上海再也找不出第二座这样的花钟。第一次到世纪公园游览的人，很少有人不在花钟前留影。

越过世纪花钟，是湖滨区，全园的精华。漫步区中的梧桐树大道，目之所触，开阔、气派、壮观，乃至时尚、现代、舒心与快意等词汇所包含的意义，全都涌上心头。

* 标志性景点：世界花钟

267

* 高大的树影灯

  ——高大的树影灯，像是钻天的白杨树，其实是灯。三排12根灯柱，矗立在广场上，下是黑色柱座，上是用不锈钢网罩包裹的灯箱，上粗下细，成锥形状，淋浴在阳光下，极富现代感，昭示新世纪的到来。

  ——迎面是镜天湖，上海最大的人工湖，面积14公顷，比长风公园银锄湖大3倍。偌大一片水体，望之让人浮想联翩。风静时波平如镜，蓝天白云映入湖中，一目了然，是故取名镜天湖。有几分诗意，几分浪漫。偶有微风吹拂，碧波涟涟，此时若在湖中划船，船随波动，最为惬意。湖中有野鸭和放养的鱼类。晨、昏时分，野鸭飘游湖中，鱼儿跃出水面，时光景色，格外迷人。

  ——站在湖滨向南眺望，是名曰"群龙追月"的大喷泉。长约45米、宽约15米的喷泉区域，由300多个大小喷头和300多个灯座组成，形成四

个小环，一个大环，中央四根水柱，"冲天"高达80米，下由雾喷围绕，合成大规模群喷场面。伴随音乐旋律的跃动，高低错落的水柱真像是一条条巨龙，直冲向上，追赶苍穹中的月亮。

阅不尽的湖滨美景，还有音乐喷泉、音乐广场和四季花卉，绿意花期不尽相同的春园、夏园、秋园和冬园。冬园现改名叫梅园，梅花展就在梅园举办。梅园是冬天开的花，改冬园叫梅园，似无不可。留点神秘，留点遗憾，诸多美景，容有机会再作一游。

但不得不去的是绿色世界浮雕，一组以亚洲太平洋地区29种动物、30种植物为题材的大型浮雕群。它依然属于湖滨区，确切位置在观景台旁。

这是一堵墙式的浮雕群，长80米，高约20米，总计178平方米雕塑面积，以气候的演变——热带、亚热带、温带、寒带，以地貌的演变化——

* 墙式动植物浮雕群

从陆地到海洋，点出物种与生态环境的协调性与合理过渡。在这样的背景下，雕刻着中国熊猫、泰国大象、越南水牛、日本丹顶鹤、澳洲袋鼠、新西兰红嘴鸥、美洲鹰、北极熊、北极企鹅……体现了人、自然与和谐的主题。著名旅美画家陈逸飞先生曾担任这组雕塑群的艺术总监。从绿色、花丛与湖泊中走来，转而欣赏这组艺术浮雕群，所有的是别样的享受。

倾力打造跨文化的公园文化品牌

公共园林，作为大众休闲、游憩、锻炼的重要活动场所，需要的不仅仅是绿树红花，草地湖泊，小桥流水，景色宜人，不可或缺的是还要有公园文化。从某种意义说，公园文化更能代表一座公园的风格特色，也更能吸引游人的注目与参与。

公园文化,形式是娱乐的,内涵是文化的。在舒心、快乐地看、听、唱、跳等娱乐中,接受知识、艺术与文化的熏陶。对许多人来说,精神的愉悦始终是最高的享受。认识到这一点,各公园都依据自身的软、硬件条件,不遗余力地创建公园文化品牌。当历史的车轮驶进21世纪后,公园之间的相互竞争,实际上已成为公园文化的竞争。

作为特大型城市公园,得天独厚的硬件设施,多种文化融合而成的园容园貌,又兼处于面向世界的浦东,诸多有利条件,开阔了世纪公园管理者的视野,使他们在考虑公园文化建设时,确立了"高规格、国际化"的准确定位,出手不凡,演绎出了一幕幕精彩纷呈的活动,提升了公园的文化品位,赋予"海派"文化新的内涵。

开园第一年,举办"清凉世界——美国滑水表演",在镜天湖14公顷水面上,美国ROCK AQUA JAYS滑水俱乐部一行20人首次来上海,表演芭蕾滑行、赤足倒滑、障碍滑水、旋转滑行等近20项惊险刺激的节目,让上海观众领略了水上极限运动的精彩瞬间。

还是这一年,举办第三届国际花卉博览会,140公顷园中土地,到处是大色块的鲜花,精品馆展出世界各地的独特植物,令观众大饱眼福,叹为观止。为时一个月的花展,累计游客150万人次,最多的一天高达22万人次。花卉博览会成了游客狂欢的节日。

开局顺利,思路一年年打开,经验一点点积累,渠道一条条疏通,全园上下倾力打造跨文化的公园文化品牌。时至今日,每年5月的国际音乐嘉年华,每年10月的欧美风情缤纷秀、国际烟花节,不仅成为公园的常规文化品牌,而且上升为上海旅游文化品牌。

差不多四年了,许多人至今无法忘记2006上海国际立体花坛大赛。

立体花坛又称"有生命的园雕",是造型艺术与园艺栽培艺术的有机结合,是一项新兴的园林艺术。2000年,加拿大蒙特利尔市政府举办首届立体花坛展，取得圆满成功，在世界园艺界产生了深远影响。从此，立体花坛大赛成为各国城市间以花为媒，进行文化、旅游、城市建设、城市发展交流的平台。

立体花坛的制作程序相对比较复杂。

首先，每次大赛都要确立一个主题；其次，根据主题设计模型图案；然后根据图案制作模型、给模型套上网状服装、安装喷灌系统，涂上用适当比例合成的土、介质和肥料，最后将花卉和其他草本植物栽在土中，就这样，一个立体花坛诞生了。因为花坛自身有喷灌系统，所以可以保持很长时间，也可以永久保留。惟其如此，它才被称为是造型艺术与园艺栽培艺术的有机结合，是艺术的创作。

﹡ 立体花坛：上海的高度与速度，获中国组铜奖、上海组金奖

2006年,立体花坛大赛首次在上海举办。上海市政府、浦东新区政府等各级组织大力支持,公园全力投入,精心组织,细心运作,取得了意想不到的成功。

　　大赛的主题是"地球·家园",主题之下包括三个副题,即在"一个地球,共同的家园"主题之下,延伸到讲述"你所在城市的建筑"、"你所在城市的动物"和"你所在城市的艺术"。这样的"主题"及其延伸,既体现当今世界倡导的"人与自然和谐共处"的环保理念,又兼顾了立体花坛创作元素相对具象的特点,且与2010年上海市博会"城市,让生活更美好"的主题相融合,所以通过大赛能起到"宣传上海、宣传世博"的作用。

　　经过广泛而深入的宣传、联络、疏通和邀请,15个国家的55座城市参

＊立体花坛:蒙特利尔大舞台,获国际组荣誉大奖

加了立体花坛大赛,88件充满艺术魅力的参赛作品展示在30公顷的土地上。由于事先对每件作品的主题、表现手法作了认真研究,对安放在什么样的环境中更为适宜作了通盘考虑,再一次次听取专家意见,获得了使参赛"展品与环境相互借景,融为一体"的理想效果。

88件参展作品,惟妙惟肖地表现了参展城市的标志性建筑、珍稀动物,以及充满民族、地域特色的人文风情,人们在享受这些作品所带来美感的同时,更领悟了世界生物多样性、城市文化多元化和艺术表现多形态的深刻内涵。与此同时,也让参展城市的来宾认识、了解了上海,认识、了解了上海人的宽广胸怀,认同并包容不同文化的气度,并为此留了深刻印象。

历时77天的立体花坛大赛,有50多个城市派出考察团到上海考察,游客量高达85万人次。

2006国际立体花坛大赛,一次全方位丰收的公园文化活动!

直到今天,绝大部分立体花坛都撤走了,但获得国际组荣誉大奖的加拿大蒙特利尔市设计制作的"蒙特利尔舞台"还留在蒙特利尔园中的山坡上。大赛结束后编辑出版的获奖作品画册,对它作了如下的介绍:

作品以高10米的皇家山枫为舞台主景,12位弹钢琴、拉提琴、吹小号、弹吉他的音乐家和展现优美造型的艺术体操运动员环绕四周,那栩栩如生的姿态和以植物材料构成的"活"的艺术场景,无一不让人在此体会到欲加入进来的动感!作品成功之处在于运用神妙的构思,精湛的工艺,美丽的活植物材料,将蒙特利尔每年夏天城市街头大型的庆典欢快氛围带到了上海,带到了每一位来到此作品前的朋友们!

四年来,差不多每天都有人在此花坛前摄影留念。这说明,优秀的艺术作

* 上海国际烟花节

275

品人人喜欢,优秀的艺术作品没有国界之分。

还有国际烟花节,每年国庆期间分三天演出三场,上半场中国专场,下半场外国专场,中外交流,互相媲美。

中国是烟花大国,国际上80%的烟花都产自中国。2000年,世纪公园首开亚洲举办国际烟花节的先河。从第二年开始,每年固定在9月30日、10月3日和10月6日三个晚上,燃放三场烟花,邀请三个不同国家的一流烟花设计师轮番献技。各国设计师以精美绝伦的构思,将绚丽的烟花演绎得出神入化,观众看得如醉如痴,似入梦境一般。

10年打造,国际烟花节已成为上海旅游文化的一个著名品牌,被国家旅游局称赞为是"中国最具亮彩的节庆活动之一"。

欢乐的国庆节,年年都相似,只是国际烟花节一票难求,一年胜过一年。作为一项公园文化活动,它成了世纪公园的自豪与骄傲!

(注:本节照片由世纪公园提供)

尾声

展望并不太遥远的将来

我们应该乐观，「海派」园林发展一定会与时俱进，出现一个更加喜人的新面貌。

借用一名老话：形势在发展，又有新的任务在前头。上海园林建设也如此。

一句改唱的歌词："我是一只小小鸟，在钢筋水泥的丛林里，想要飞却怎么也飞不高。"20世纪90年代，经济社会高速发展的上海，高楼林立，形似"水泥森林"，绿颜色零零星星地分布，"热岛效应"日益明显。

为改善生态，完善绿化，（2000）中共上海第八次代表大会提出把上海建成国家园林城市的目标，并编制详细规划，由"见缝插绿"转向"规划建绿"。经十数年努力，市郊周边已建成共青森林公园，佘山、东平国家森林公园。一座森林公园是一处新的旅游景点，又是一座"森林氧吧"。新一轮园林建设，则要在中心区域建设一批大型"绿肺"；"以500米为半径"——市民出门向任意方向走500米，都可看到一片大型绿地，并在其中运动、休闲。

于是，大气魄、大手笔，一批大型绿地应运而生，它们是没有围墙的公园。

延中绿地，横跨黄浦、卢湾与静安三区，加拿大人设计，面积23公顷，一流水准的都市绿色景观。以"水蓝树绿人亲"为设计理念，通过高密度、多品种的植物和若干水面有机组合，形成茂密的森林，疏密相间的林中草地，缓缓的溪流和清澈的小湖，调动人们的嗅觉与听觉，体验人与自然共存的和谐。绿地中植物品种众多，层次丰富，高低起伏的草、花、竹与树组合搭配，形成不同的景观；给久居闹区的人们带来耳目一新的静谧与绿色享受。有专家计算过，仅一期7.4公顷绿地吸热降温一项，就相当于每天节约空调用电71 640度。

大宁灵石特大型公共绿地，东、中、西三大景区，东部以水为景，7万平方米的人工湖面，三座石桥连成一道长廊，气象万千；中部是沼泽园，平添几分野趣；西部则峰峦起伏，尽显欧式风情。

太平桥绿地在繁华的淮海路商业街南侧，与高雅的新天地、著名的一大会址为邻。传统与现代、东方与西方、商业与文化，在这里表现得淋漓尽致。绿地以水（太平湖）为核心布局，分成东、西两块，有真水体，也有假水面，真、假浑然一体。真水体将绿地分成三部分：一为亲水大台阶，中间是太平湖，湖中有岛，站在岛上可瞻仰一大会址；二为起伏的丘陵，林深叶茂；三为接纳新天地中部道路的延伸，以石库门建筑为夹景，形成水边广场。植物以上海乡土树种为主，兼及多样性，布局既有欧美园林的风格景观，又有湖滨林荫和山林风格景观。

大大小小的陆地还有许多，分布在各区和街道的土地上。时间不长，上海的绿化空间迅速扩大，这是用重金换来的，但它们所形成的生态效应，乃至对城市的可持续发展，也是无法估量的。更为重要的是，它让广大市民受益，受到了广大市民的支持与欢迎！

上海渐渐地变了，天变高了，云变淡了，绿色变多了，空气变新鲜了。2003年，上海初步实现了国家园林城市的目标。

满天星斗和满地绿茵对一座适宜居住的城市来说，是必不可少的。联合国有关组织规定，生态型城市绿地覆盖率应达到50%，居民人均绿地面积90平方米，居住区内人均绿地面积28平方米。要达到这样的目标，上海还需不断努力。

上海建设成为国家园林城市，成绩喜人，也让人高兴。但及至2008年底，上海公共绿地总面积为14 777公顷，人均公共绿地面积12.5平方米，离联合国规定的生态型城市的目标差距不小！但在并不遥远的未来，近百块林地有希望变成郊野公园；沿海防护林等"四类"公益林建设继续推进；新的大型绿地、纪念林地会不断涌现……各级领导和市民绿化意识的增强，市场化机制引入各个环节，将成为有力的保证。

我们应该乐观，"海派"园林发展一定会与时俱进，出现一个更加喜人的新面貌。

后记：一种文化背景下的解读

从动笔写作起，我就心怀惶恐与不安，生怕有人误把本书当作是一本研究上海园林的专著。如果是这样，那真要贻笑大方了！

关于园林，除了作为一般的游览者外，对植物、园艺、建筑（古典园林多建筑）等方面的知识，乃至不同时代、不同文化背景下园林的风格特色，我是一个地地道道的门外汉。唯一能扯上点关系的是，闲暇之际，我喜欢莳花弄草，多少懂得一些花草的习性。但仅凭此一鳞半爪之见，欲书写有关园林方面的大作，无异于是天方夜谭了！

既然如此，那该怎样给本书定位呢？确切地说，它是在海派文化背景下，对上海园林所作的一种解读。这样的解读，只要有兴趣，每个人都可以做。事实上，也的确每天都有人在做，只是它们没有形成文字，而是停留在游园者的口头上罢了。

海派文化，源远流长，博大精深。新时期以来，研究者已聚成一支浩大的队伍，著述日见增多，成绩喜人。当此之际，为迎接上海世博，对海派文化所辐射的文学、戏剧、电影、建筑、金融、书画和时尚等方方面面，进行感性与理性、形象而生动的阐述，并因此编辑、出版一套《海派文化丛书》，洋洋三十余本，自成一道文化风景，不由让人眼睛一亮，真乃功莫大焉！其中有几本经友人相送，读之获益匪浅。于是，当丛书主编、我的老领导李伦新先生要我对上海园林抒发个人的感悟时，我深感荣幸并愉快地接受了。作为一名土生土长的上海人，我把这次写作看做是了解与吮吸海派文化的一次好机会。

园林是自然的缩影，也是综合艺术的结晶；作为人们休闲、游览和进行文体活动的重要场所，园林是经过加工、创造的自然环境，是一种文化。伴随现代都市的形成，私家花园逐渐演变为城市公园（**公共园林**）。如此，园林本身所附有的历史与文化内涵，便成为城市文化的一个组成部分。

中国园林历史悠久，在世界园林中具有独特风格。上海形成及其开埠后的殖民历史，使上海园林在继承中国园林的艺术特点和近代文化色彩的同时，又洋为中用，兼收并蓄，不仅有诱人的古典园林，而且有洋风洋气十足的西式城市园林……基于这样的认识，解读上海园林，是一件十分有意义的事情。

依据园林发展的一般进程，经一再斟酌，我决定以纵向为经——沿历史进程，梳理上海园林的历史演变；以横向为纬——按不同时期的文化背景，看上海园林的风貌。纵横相交，坐标点是一座座名园。时间上，上起于明末清初，下终于当下，前后跨越数百年时间，力求体现历史与现实的结合。需要特别说明的是，不同时期的园林，只选择有代表性的若个座进行解剖，不求多多益善。再者，所有被写的公园，必须是面向社会开放的公共园林，凡不在开放之列的，不论其在园容园貌上有怎样的鲜明风格，均不予考虑。

虽然是个人感悟式的解读，但有关上海园林发展的历史和基本的园艺知识仍必须掌握。为此，在不长的时间中，我拜读了陈从周先生的《园林谈丛》，程绪珂、王焘主编的《上海园林志》，朱敏彦、王孝泓主编的《上海名园志》，王焘、吴振千、陆定国主编的《上海园林史话》，赵厚均、杨鉴生编著的《中国历代园林图文精选》，王其钧、丁山的《图解中国园林》，以及《近代上海城市研究》、《文化上海》、《上海——一座现代化都市的编年史》和《解读上海》等专著，通过阅读，使我对上海园林的发展及其是对其风格特色，有了一个较为清晰的理性认识。

再以后，带着这些认识，我一一重游了将在我笔下出现的18座公园。这些公园以往都曾去过，有的还不只去过一两次，但随着岁月的流逝，曾经有过的印象都早已淡去消失了。这一次，因身负额外任务，加之又作了一番"冬令进补"，以致从一座座公园跨进走出，感觉是那样的新鲜兴奋，各种奇思妙想不断在胸中积聚涌动……

终于到了可以把思绪化作文字了，因为是个人解读，所以下笔纵横恣意，有关每座公园从园史、景观到人文掌故，均以个人感悟为主进行取舍，写什么不写什么，不以他人眼中所见为依据，这不免会出现偏颇，有失客观公允，然惟其如此，或许会显得更为真实。

在此需特别说明的是，解读中必然会涉及被写公园的基本概况和园容园貌，有关这方面的材料，本书多从《上海园林志》、《上海名园志》和《上海园林史话》等专业书中加以借用，其中凡直接引用原文的，都特别作了说明。在此，谨向这些书的主编和作者表示衷心的感谢！有些基本情况，或许由于历史太长，或许由于发展是个动态的过程，各书的表述不尽相同，间或还有较大出入，对此，本书则以公园提供的资料为准。这如同一个人，自己介绍自己的年龄身高，总比别人的介绍来得准确。

为写作此书，上海市绿化和市容管理局宣传处的胡建文、许蔚丽、吴希微，不厌其烦地帮助联系公园；被写公园的尤瑞君、邱菲菲、杨红、杨国光、施瑾、张超群、陈沈惠、夏文伟、金溢彬、胡伸华、林书轮、李佳、高再荣、张明权、张新华、袁玉香、顾剑林、虞必胜、俞浩胜、陈素珠、张雪、王辉、陈丰、孙自和等或陪同踏勘公园，或提供公园资料和照片，在此一并表示衷心的感谢。

最后，再一次说明，本书不是一本上海园林史或研究上海园林的专著，也不是一本专为上海园林做广告宣传的书籍，它仅仅是一个文化人对上海园林所作的一种文化解读。

主要参考书目

陈从周著：《园林谈丛》，上海人民出版社2008年版。

程绪珂　王焘主编：《上海园林志》，上海社会科学院出版社2000年版。

朱敏彦　王孝泓主编：《上海名园志》，上海画报出版社2007年版。

王焘　吴振千　陆定国主编：《上海园林史话》，上海百家出版社2009年版。

赵厚均　杨鉴生编注：《中国历代园林图文精选》，同济大学出版社2005年版。

王其钧　丁山著：《图解中国园林》，中国电力出版社2007年版。

张钦南著：《阅读城市》，《生活·读书·新知》三联书店2004年版。

张仲礼主编：《近代上海城市研究》，上海人民出版社1990年版。

熊月之　周武主编：《上海———一座现代化都市的编年史》，上海书店出版社2007年版。

李天纲著：《文化上海》，上海教育出版社1998年版。

张颖主编：《海派文化概览》，上海人民出版社2008年版。

邢建榕著：《老上海珍档秘闻》，上海辞书出版社2007年版。

沈宗洲　傅勤著：《上海旧事》，学苑出版社出版2000年版。

《上海文史资料选》（卢湾卷）上海政协文史资料编辑部2004年版。

孙宝宣著：《忘庐山日记》，上海古籍出版社1983年版。

陈无我著：《上海三十年见闻录》，上海书店出版社1997年版。

《上海文史资料》（黄浦卷）上海政协文史资料编辑部2007年版。

《虹口史苑》上海虹口区政协2001年版。

柯兆银主编：《上海滩野史》，江苏文艺出版社1993年版。

张讳著：《满纸烟岚》，上海教育出版社2007年版。

张生元　姚金祥主编：《沪城风情》，黄山书社出版社1992年版。

汤伟康、杜黎著：《租界百年》上海画报出版社　1991年版。

陈从周著：《中国园林》广东旅游出版社　1996年版。

陈从周著：《中国园林辞典》华东师大学出版社　2001年版。

惜珍著：《永不飘散的风情——上海的历史文化保护区》，东方出版社2009年版。

张琼林著：《洋场谜宫——上海哈同花园见闻录》，中国文史出版社1991年版。

康燕著：《解读上海》，上海人民出版社2001年版。

当代上海研究所：《21世纪上海纪事（2001—2003）》上海人民出版社2004年版。

李天纲著：《人文上海——市民的空间》，上海教育出版社2004年版。

张晓春主编：《行走上海》，上海文化出版社2002年版。

花以友主编：《跨越世纪——鲁迅公园建园百年纪念文集》，华东理工大学出版社1995年版。

张志恩主编：《沧桑百年话春秋》，园林杂志社1995年版。

上海大观园风景旅游区编：《走近大观园》，中国环境科出版社1997年版。

《科学先驱》上海市徐汇区文化局、文物管理委员会编。

《豫园》，上海豫管理处编。

跋

　　近来十分流行"创意"二字，如美术创意、建筑创意、文学创意等等，因其名目繁多而目不暇接，又因大多陌生而超然处之。但上海大学海派文化研究中心主任李伦新同志提出编辑《海派文化丛书》的创意使人精神一振，耳目一新，对我们从事文化工作的人来讲，正是思之无绪的良策，事之无措的善举。

　　此创意特色有三：

　　一是纵横驰骋，自成体系。该系列丛书将由海派书画、海派戏剧、海派建筑、海派文学、海派电影等方面近三十本书组成，基本囊括了能反映海派文化的各个领域，其中6本书将在2007年8月的上海书展上面世。此后每年出版7至8本，争取在2010年出齐，向世博会献礼。

　　二是叙述简洁，形式新颖。上海，不管你是否喜欢，它在近两百年内迅速发展成为一个国际大都市，并在中国占有重要地位的事实是无可置疑的。因此，上海是一个世人瞩目的、值得研究的、又众说纷纭的一个课题。论述上海、反映上海的书籍纷繁浩瀚，它们各有见解，各具特色，拥有各自的读者。有的是学术性的，史料翔实，论证严密，但曲高和寡；有的是文学性的，情节曲折，故事生动，但内中难免掺杂作者个人的情感，而有失公允；有的是纪实性的，历史掌故和人间悲欢离合尽收其中，但珠玑散落，难于荟萃。丛书力图博采众长，"合三为一"，以纪实为主，兼顾史料的真实和文字的优美，并采用图文并茂的编辑方法，使之成为一套新颖的研究上海，介绍上海的书籍。

三是内容丰富，面向大众。丛书对海派文化的各个领域，诸如：戏剧、书画、建筑、文学、风俗等，既有宏观的研究与阐述，又有具体的描绘与剖析，向读者展示了一幅绚丽多彩的海派文化起源、发展、形成、深化的历史长卷，令人信服地得出这样的结论：海派文化造就了被誉为"东方巴黎"和"东方明珠"的上海，形成了"海纳百川"、"精明求实"、"宽容趋新"等上海人的社会人格。丛书既是研究上海的学术著作，又是介绍上海的通俗读物，具有书柜藏书和案头工具书的双重功能。

上海市对外文化交流协会是进行中外文化交流的专门机构，以弘扬优秀传统文化和汲取世界先进文化为己任。协会成立20年正是上海改革开放取得辉煌成就的20年。协会乘势而为，解放思想，开拓进取，积极拓展外联渠道，构筑中外交流的平台，广泛开展国际的社会科学、金融经济、科学技术、文化艺术交流，增进同世界各国人民的友谊和理解，成为上海的一个有影响的中外文化交流的窗口。我们在获悉丛书的编辑思想和出版计划时，就感到双方是心心相印的，所以决定对丛书出版给予经济上的支持。我们认为此举是对建设上海文化事业的支持，是对弘扬民族文化的支持，也是对自身工作的支持。

因为工作的缘故，经常有外国朋友赠送一些介绍他们的国家或城市的书籍。这些书籍装帧精美，内容言简意赅，形式图文并茂。由此联想，在丛书中选择若干本或若干章节翻译，汇编成书，那也是一种十分可取的介绍上海和宣传上海的内容和形式，特别对于将在2010年举办世博会的上海来说尤为如此。

本丛书的出版已引起有关单位的重视和关注。文汇出版社已将本丛书列为2007年出版计划中的重点书，并配备了业务能力强的文字和美术编辑；外宣部门认为这套丛书是很好的外宣资料，是世博会的一个很好的配套工程；有的图书馆反映查阅上海资料的读者日渐趋盛，这套丛书的出版适逢其时，将为读者提供更多的方便。

还必须强调的是丛书的编辑和出版也得到了作者的大力支持。去年年底，编委会召开部分作者参加的笔会，其中不乏畅销书的作家，编委会对他们提出了创作要求和交稿时限。尽管要求高、时间紧，但是作者均积极配合，投入创作，为第一批丛书在2007年8月的书展上与读者见面创造了条件。为此，有的延误了申报高级职称的机会，有的推迟了其他的创作计划，有的不厌其烦数易其稿。

天时、地利、人和似乎都护佑着丛书的面世。丛书是时代的产物，是集体智慧的结晶。

2007年7月

（本文作者为上海市对外文化交流协会副会长兼秘书长）

图书在版编目（CIP）数据

海派园林/唐明生著. — 上海：文汇出版社，
2010.5
　ISBN 978-7-80741-853-5

　Ⅰ.① 海…　Ⅱ.① 唐…　Ⅲ.① 园林-简介-上海市
Ⅳ.① K928.73

中国版本图书馆CIP数据核字（2010）第052834号

海派园林

作　　者／唐明生
丛书主编／李伦新
责任编辑／闻　之
特约编辑／安春杰
装帧设计／周夏萍

出版发行／**文汇**出版社
　　　　　上海市威海路755号（邮政编码200041）
经　　销／全国新华书店
照　　排／南京展望文化发展有限公司
印刷装订／上海新文印刷厂
版　　次／2010年5月第1版
印　　次／2010年5月第1次印刷
开　　本／640×960　1/16
字　　数／220千
印　　张／19

ISBN 978-7-80741-853-5
定　　价／35.00元